Livres perdus

Du même auteur

LA TERRE N'EST À PERSONNE, *poésie*
(Éditions Seghers, 1985)

CHANTS D'ARIANE ET DE THÉSÉE
suivi de VOICI VENIR, *poésie*
(Éditions Comp'Act, 1986, nouvelle édition en préparation)

CARRIÈRES DE GRÈVE, *traduction de fragments de Hölderlin, publication bilingue,*
suivie de ABANDON DE HÖLDERLIN
(Éditions Comp'Act, 1986, nouvelle édition, 1993)

DE LA PAGE ET DE L'OUBLI, *poésie*
(Éditions Seghers, 1989)

ALBERTINE, LE NOM, *essai,*
dessins de Madeleine Lambert
(Paroles d'Aube, 1993)

LE CRI *suivi de* HÉRITAGE, *dessins de Bachir Hadji*
(Éditions Comp'Act, 1994)

ROGER DEXTRE

Livres perdus

ÉDITIONS COMP'ACT

Collection
LE MANIFESTE
dirigée par
Mathieu Bénézet

Dans la même collection

« MOTUS », roman de Jean-Claude MONTEL (1999)

À paraître
des livres de
Jean-Louis BAUDRY
Xavier MAUREL
Raymond BOZIER

La barrière

Certains de mes rêves ressemblent à des usines, à des parcours harassants dans des paysages ou des bâtiments hétéroclites. Ils sont un poids, non un charme. Qu'on parle du travail du rêve, je n'entends pas le déplacement silencieux des pas dans la campagne ou un appartement, dans la ville ou dans des caves ou des greniers, mais un terrible bruit de métiers à tisser retentissant dans tout le corps, se mettant à emplir l'espace ensommeillé de la chambre, à tacher de cambouis et de flocons gras les beaux draps et les bons oreillers, les couvertures propres du lit.

J'admire qu'on puisse raconter cela au réveil. C'est l'absence de repos, les affaires déjà en marche, travail ou guerre, tracas, soucis, emprisonnements, assignations, parcours tordus, discours bifides, corps criés d'injonctions, gestes harassés et moulus. Les chiens qui hurlent, la radio qui marche, les plaisanteries qui commencent, le temps qui presse, la pauvreté et l'humiliation qui se jettent sur leur proie (sur moi).

Ce ne sont pas cependant des cauchemars qui figent dans la nuit. Non, c'est l'envers des satisfactions du jour, ou plutôt de la journée ; le tissu râpé des travaux et des jours, des âges et du temps, des cérémonies et du commerce, des tâches et de l'importance. Pour tout dire, c'est une terrible humiliation qui retourne les plaisirs et les assentiments, les rassurantes perceptions d'avenir et de connivence qui nous tiennent aux professions et aux biens, à la contemplation des plates-bandes et des travaux bien faits, à la confiance.

Est-ce le travail ? Non. C'est plutôt ce que les Romains appelaient le negotium. Le non-repos, le non-loisir. Ce n'est pas un endroit où l'on apprend, mais un lieu définitivement seul.

De tels rêves, c'est les affaires et le négoce jusque dans le repos. C'est le repos et le sommeil investis par la force mauvaise qui tue le jour et la nuit. Je ne peux être moraliste ; je ne peux pas prétendre que le négoce aurait pu être écarté du sommeil, mais, en s'éveillant dans ce brouhaha, il faut bien dire quelque chose de l'horreur ordinaire qui vient de se manifester.

Mon sentiment est que tout cela tient dans un sac informe où tout pèse et se mêle. Il ne faut pas s'allonger, à nouveau, pour trouver de la liberté à ce qui n'en a pas. Il n'y aura pas de labyrinthe, de parcours expiatoire, il n'y aura qu'un récit de misère enflammé par-ci, par-là, de révoltes faibles, de plaintes ou de tromperies, de surrections infirmes.

On ne peut appuyer sa tête là-dessus, et c'est pourquoi je n'en raconte rien. Ce sac au contraire d'un oreiller de plumes, d'une enveloppe retenant un élément léger et expansif arraché aux oiseaux, est le réceptacle des biens figés par le tourment qu'ils coûtent. Il est inconfortable. Le rêve revient sans en finir sur cette emprise qui est ancienne, si l'on veut, mais qui est aussi future et contemporaine ; et là, on s'aperçoit à peine que l'on y est contraint, même lorsqu'on s'en éveille. Est-ce la tête, ou est-ce le sac sur lequel elle est posée? Je vais vous dire ce que j'en pense : c'est la formule primitive de l'être où cette distinction n'a pas lieu d'être.

Est-ce le sommeil ou le rêve ou l'éveil ? C'est la nécessité du rêve dans le sommeil, du sommeil dans la vie, de l'aveuglement de la vie dans les tâches. C'est tout le réel attesté par l'habitude, écœuré dans l'humeur maussade des récits auxquels je préfère renoncer, qu'ils soient de jour, de nuit, de quelque part que ce soit. Cela nous met en porte à faux, en danger : il y a quelque chose que je n'ai pas envie de vous dire et quelque chose que je n'ai pas envie que vous me confiiez. Et ce quelque chose est nos affaires, notre commerce, nos entreprises, nos projets, et cetera... parce que cela salit et nie le repos.

Les phrases que je viens d'écrire quasi malgré moi, les écrivant en suivant le sommeil ou regrettant que l'éveil s'ouvre sur de telles pollutions, sont exactement comptables de ce malaise que je n'ai à imposer à personne, puisque je me suis discrètement mais pas assez refusé à lui permettre une ouverture, puisque je considère que c'est le revers idiot bien qu'affairé de notre monde. Je le quitte, certes, ce sommeil. Il a fait ses comptes en moi et à côté de moi, j'ai cru que c'était les nôtres. Sa saleté m'a souillé. Comprenez-moi bien, je ne suis pas délicat, je ne me bouche pas le nez. Je peux porter le sac. Mais avec tout cela, je me sens reclus comme un enfant dans une ignoble pénitence. « L'âme flaire dans les enfers », mais là, c'est plutôt dans un cloaque. Je nous en éloigne, comprenez-moi, comme d'une délectation morose que je ne vais pas coucher sur ce papier. Entre ces rêves dont je pars et qui se comptent d'eux-mêmes sans moi, et moi, il y a bien maintenant un adieu, une morale ; mais au lieu de procéder de la mémoire et de la réminiscence et de la perspicacité, ils se tournent vers l'abandon, le renoncement, la prodigalité :

J'ai l'air de me moquer de tout. Alors que je suis humilié. Je sens bien que se poursuit là l'histoire même qui devait cesser et que mes dires n'arrêteront jamais. Je bavarde des valeurs mal renversées, prêtes à reprendre et rapetasser, à alourdir, à fixer, prêtes à reprendre et se reprendre, à se rappeler et se laisser rappeler. Pusillanime comme un enfant surpris dans un vice innommé. Qu'il garde l'innommé, cet enfant ! qu'il se regarde en lui. J'essaie d'en venir là pour recommencer. Mais, comme dans le rêve, on n'en est jamais sûr. Je ne suis même pas sûr que cela porte un danger. Peut-être n'est-ce rien ?

Effort du rêve dans lequel on se dit que l'on ne rêve pas et où, pourtant, la conviction mesure sans cesse son échec à l'énergie qu'elle met à s'établir et se formuler. De même l'ivrogne mesure-t-il à la difficulté de ses articulations vocales le crédit qu'il donne à la lucidité de ses propos et l'éloquence péremptoire à laquelle il s'efforce à l'embrouillamini qui le déloge d'une évidence.

Enlacée de cette sorte au semblant qu'elle prétend dénoncer, la parole s'étouffe, se connaît porteuse d'une monstruosité qui avère et qui nie, qui convainc et qui déçoit, qui sait bien et ne sait rien ; on dirait, de cette parole, qu'elle est toute parole, la parole même dans ses envers et ses revers, qu'elle se fonde au travers de l'artifice et de l'apparence tout aussi bien que dans l'étendue de la vérité. Elle est ce cœur qui ne se repose jamais « Irrequietum est cor nostrum donec requiescat in te ». Une telle parole appelle un sauveur, non un vice innommé. Non l'innommé. Cela vous transforme en récit, en biographie, en âme ; en un tour de main vous voilà livré. Je me retrouve au début : livré à ces affaires à ce bruit incessant, à ces métiers usines et places ou avenues de destin, à ces rêves où l'éveil en a déjà marre d'être vigilant sur la monotone perplexité qui l'égare dans des parcours harassants, dans des paysages ou des bâtiments hétéroclites...

On dirait que je me trouve. On dirait qu'il y a. On dirait que ça crie dans la nuit. On dirait que ça me fait quelque chose. On dirait que je vais gratter sans cesse avec la main droite cet endroit douloureux, morne, plein de croûtes sur la main gauche, abandonné comme un incapable infirme dans le grand lit blanc du rez-de-chaussée, pendant qu'ils font leur cirque là-haut ou là-bas, que les escaliers craquent, qu'ils donnent à l'église des hosties sur la langue en chantant à la vierge et ça fait du boucan, une fête, beaucoup de musique et de fête, mais je préfère pleurer ; la fenêtre, je préfère ce gris balayé par personne, mordre encore ma main et le rocher insensible que j'y ai fait ; ils font mal le jardin, ils font mal la cuisine, ils écoutent mal la musique et bougent mal, ils détestent les bébés et les foutent dans des coins ; ils voient mal, tous leurs bruits de partout prennent comme des feux, rabattent leurs fumées, asphyxient, brûlent, mais brûlent moins que la morsure baveuse à ma main, moins que ma sauvegarde qui me ronge dans le petit canton de mon corps immobile et mes sanglots qui ricanent sans que j'aie le temps de leur donner ma vie, sans que j'aie eu le temps de dormir profond, assez profond avant qu'ils ne m'appellent, ne me demandent pourquoi je gémis en pleurant, en riant, en les emmerdant, en les chassant de la vie qu'ils me donnent et me redonnent et qui n'est la mienne jamais, qui n'apparaît que dans l'impact de leurs cris de nulle part, de leurs jeux perdus, de ces équipes en fête qui hurlent, de ces cantiques qui sont comme des tambourins sur un travail d'esclaves et reluisent de vilaines grâces sorcières pour les pauvres fatigués ; ils m'appellent, me disent de manger le pain et de ne pas le manger, de prendre le pain et de ne pas l'émietter ; elle vient me chercher pour l'heure que j'ai oubliée et me gifle pour celle que j'ai retenue ; il vient me montrer les engrais puants dans le matin, le dialogue édenté, les gencives pleines de dents mortes, ou noirâtres, et je ris au long des jours de la morsure sardonique qu'ils me laissent à mourir, qu'ils changent avec moi en bienveillance dans leurs petits discours, leurs petits travaux, leurs voyages, leurs émerveillements, leur bonté... je les imagine qui croient que l'amour fuit comme un lézard entre les pierres de mon corps, et quand il a disparu, ils se taisent, c'est le sommeil, la neige des couvertures blanches, je sais moi aussi me distraire, peser légèrement dans le temps nocturne qui m'accueille, brasiller jusqu'à l'abandon, ne plus faire chier, respirer, dormir de rien, mais je ne suis jamais un vrai bébé, un enfant pour les familles et les autres enfants, et je suis un vilain radeau dans la rivière, un Moïse, si vous cherchez les princesses, leurs cuisses dans l'eau courante, les esclaves qui les rassurent et qui les baisent, les alcôves, les recoins où ils meurent dans la pénombre en comptant les gouttes d'eau, ou la voix cinglante qui les réveille pour leur montrer leurs travaux ou leur montrer les crochets rigides de leur corps, jamais, pensent-ils, jamais l'annonce, ai-je pensé, soit-elle fatale, libre et nommée, jamais ce doux bruit des classes, cette voix qui frappe dans le heurt des navires sans détruire les rochers et qui appelle sur les plages, sur le large des navires et de la respiration : « Oui, c'est Agamemnon, viens, écoute la voix qui frappe ton oreille. » Oui, je voudrais bien que s'arrêtent les rêves et je veux bien qu'ils ne recommencent pas, mais je cache ce vouloir car il est sans emploi. Plus encore, mon humiliation est que je me cache dans ce vouloir sans emploi. Et, de façon débile, j'aimerais que s'y cache la vie innommée, oiseuse, distraite, riant même de l'appel d'Agammemnon ou des bras de la reine. Belles plages blanches, nuits, couvre-lit, lune sans être un cri, ni un cul, sommeil pur amené pur sans croire à ce dernier mot. À ce mot = pur.

J'ai vaguement l'idée d'une chambre, d'un lit douillet qui vient troubler un souvenir de Nicolas Boileau, d'un vieux texte semblable à une image de Gustave Doré. Mille bonheurs sont à ma disposition et j'écarte page à page le conte qui m'endort de bonne heure et dont jamais je n'aurai désir de me détacher.

Mais je franchis un pas, je suis encore plus loin dans la totale pureté sans anecdote : dans le dictionnaire (latin) où « mundus » est le monde, et « mundus », c'est être pur. Ayant comme les cathares partagé bien et mal dans le rien, je suis pur de ce que rêver me dit : « C'est sans lui qu'a été fait le néant. »

Il neige sur les hauteurs d'une colline où je suis, d'un château de pureté. Je m'endors dans les ruines glaciales de Montségur. Lui, bien sûr, n'était pas dans la fabrique du rien, Dieu n'est pas la création et je m'accorde avec lui pour ne rien faire qu'être monde. Je le sais si bien, si tranquillement et en une telle innocence croyante que m'en voici expulsé, car j'ai déjà ma main entre les jambes, un mouvement bizarre sur le côté ; l'impression que tout s'éloigne, que rien ne me sera servi, qu'une vipère ou un lézard va me mordre le doigt. C'est au réveil que le cauchemar s'annoncera avec une patience insidieuse qui est le contraire du soulagement qu'on éprouve à reconnaître le réel et à s'y réfugier, à le retrouver. La veille va être hantée des terreurs de la nuit, qui va les parcourir, qui va dilapider la confortable distinction du fantasme et de la réalité.

Je suis de tous ceux qui parlent, qui chantent et qui raisonnent en rêve, qui n'arrivent pas à endormir le rêve dans leur vie et ainsi ne le scrutent jamais, qui le portent comme un travail. C'est alors à moi d'abaisser ce langage prétentieux et sans amitié, de chercher à me reposer, d'ouvrir la porte, de me séparer et de revenir, de considérer le vrai monde. De faire, en quelque sorte, en quelque sortie, en quelque incapacité, la cure de silence qui séparera les langages du jour et de la nuit.

Il y a déjà un bon moment (et que signifie ce mot de « moment » ?), il y a déjà un bon moment (et ce « bon » ?) que je veux ou souhaite ou espère diverger de moi-même, de mon propos, de sa torsion peu pitoyable sur soi, en me saisissant d'une image que j'aurais choisie ou qui m'avait donné l'impression d'une issue ; je me voyais commenter l'issue (que constitue dans l'impasse où je suis engagé, à mon corps meurtri plus que défendant) le « fils prodigue » de Jérôme Bosch. Il se détourne des errances folles, des désirs qui ont gaspillé son temps, et envisage de partir de là, avec sa besace, envisage plus simplement d'ouvrir la clôture et tout simplement envisage le monde et ses coteaux. Dans un mouvement d'honnêteté, n'avais-je pas aussi l'intention de parler de l'enfance, de la neige, des usines, du travail, tels qu'ils sont en réalité ; furent en réalité ; afin de dégraisser mon texte ; et aussi des corps et êtres que j'ai rencontrés en travaillant pour parler de ces rochers laissés dans le corps à la morsure.

Je viendrai à cette image. Sans elle, je ne saurais soutenir la pesanteur du fardeau dont je me suis chargé. Cependant, « pendant ce temps », comme on lit dans les bandes dessinées, une autre s'est glissée. L'idée d'en parler, d'en décrire quelque chose n'est pas affligeante. Elle désorganise tout, elle scandalise.

C'est un adolescent gras, surprenant et quasi sans charme qui, ayant plongé sa main dans une corbeille de fruits, mordu par un lézard, pousse un petit cri et manifeste par un geste malgré lui insignifiant et maniéré, son effroi. Il est à moitié souverain et à moitié esclave, comme le sont tous les êtres vendus. Caravage le peint de face, autant que je m'en souvienne, exposé dans cette trahison qui le livre aux autres et déclenche une inquiétude sans commentaire. La mort qui le saisit au doigt est anecdote risible et, je le vois bien, sa frayeur n'est pas le bon moment, n'est pas du tout un moment, tant il est gonflé de la jouissance ironique dans laquelle le désir des autres lui a conféré la souveraineté théâtrale de paraître et d'apaiser ou susciter le rêve et le désir. Il n'y a pas de ces ombres, ni de ces perspectives qui parcourent et bouleversent le cavaragisme. C'est le séisme à sa naissance. Un petit cri ridicule, une morsure au doigt peut être définitive, ou pas. Il n'aura même pas la ressource de se manger à son corps, de tenter et de se laisser tenter. Il était la tentation du regard et, prostitué sans doute, le marchepied de l'envie.

Voilà que le serpent lui saute dessus. L'envie le mord. Le travail de donner son corps qui lui conférait une prestance de petit Bacchus se change en la brusque ténacité sur son doigt d'une terne douleur. Il régnait, il prenait les fruits, ses épaules étaient grasses et son regard sans défaillance. Il paraît tout à coup moins dans la mort que dans la futilité de sa disparition, moins dans son destin que dans l'évanouissement du rôle où il n'avait qu'à figurer dans la rumeur des voix, des guitares, dans la fête où l'intronisait l'insondable crédit de ses amants et de ses clients. La mort insinuée dans la corbeille de fruits lui rappelle ou lui dit comme à aucun de nous (puisque nous le regardons) quel fut son travail dissimulé, quelle en est la sanction ; cela ne lui arrive pas, c'est plutôt comme un retournement complet de son geste premier, de son geste de saisir un fruit, et la pensée terrassante que jouir et faire jouir n'apaisent pas la surprise et la peur surgie en silence, sans prévenir.

La peinture de Caravaggio ne prête pas à cette accablante pensée. Ravie et terrorisée par un cri maniéré. Je la vois s'expatrier dans des transactions sauvages qui ne disent plus rien à personne, qui donnent à la lumière un jour contrasté. En ce jour dernier ce qui est soustrait et ce qui est donné sont encore d'une même énigme qui consiste à raconter à la nuit le travail imbécile et aveugle du temps, pressé de rendre une anecdote qui fige la vision pour mieux nous précipiter dans notre incroyable connaissance de la vie. Le travail est d'un coup justifié et dilapidé. Ce n'est plus un calcul, un scandale. C'est une prostitution sacrée où la mécanique des gestes rencontre sans jamais la comprendre une invitation implacable du destin : est-ce verdict, est-ce énigme, est-ce ironie et nouvelle soumission, est-ce liberté, rires et rires ou cris dans l'égoïsme des corps ? Qui va répondre ? Peut-être le lézard, éveillant de ce travail endormi, éveillant la sensualité nommée des fleurs et des gestes, d'une épaule et des fruits mène-t-il à une sorte de question : « Où suis-je ? » Loin d'interrompre le repos, ne l'instaure-t-il pas plutôt ? Ou pourrait l'instaurer si le geste de se détourner de l'enfant prenait son sens plein ? Mais peut-être ne peut-elle s'accomplir, cette question, sans risque d'aborder la crainte de la pauvreté et de la solitude. Peut-être la réponse est-elle cette question qui mord le corps et le fait se tordre au moment de son service ? La question de la vie est jusqu'au fond du service des désirs, du désir, si l'on veut, devenue l'affaire et le négoce qu'une douleur évoque dans le plein jour anecdotique, le sable du sommeil, sans grande profondeur, le peu d'eau nécessaire à un reflet et qui présente l'événement figé ou halluciné dans le réel, du temps.

Lorsque dans mon propre rêve je fus mordu au doigt par une vipère, j'ai eu la surprise de l'accident, si étranger à moi qu'en fin de compte il ne se révéla que dans l'amortissement, la chute lente et énigmatique d'un événement qui décide de tout et ne répond cependant à aucune nécessité pensable ou éprouvée. Comme un hors-lieu, une agression mortelle, mais signifiée et définitive, sans que s'en suive aucune panique du corps ni de la pensée. « Encore à jamais ! » mais « à jamais encore »... et « une seule fois également » et « cette fois-ci », des bombes de logique de l'existence, une pauvre image décourageante. Ma belle-mère, au même moment, fit le même rêve. Je crois que d'en parler ainsi, parler de ce hasard, conférait à celui-là tout son sens étouffé en ce qu'il évitait l'accident singulier irrémédiable, un vrai réveil. Comme si le là-bas du rêve et l'ici de la conversation, de la veille, avaient au fond collaboré pour ne produire qu'une inquiétude de sens infini dans un vif argent et une sensation d'attaque, un dérèglement passager de la nature étranger et intime à la conscience. Nous en parlâmes dans la pénombre de la cuisine autour d'une table couverte de toile cirée jaune ; le Frigidaire se mettait en marche, on enlevait les tasses, nettoyait les miettes des brioches et c'était pareil, l'investigation ne portait qu'à étouffer l'invocation des correspondances, à servir au silence et à l'habitude ses plats habituels de mystère évoqués.

Il me semble que le jeune Bacchus, comme sa semence, laisse tomber par inadvertance, par hasard, par surprise, par accident, répand dans un tressaut inattendu, imprévisible, en en voyant les conséquences et à peine la raison, un peu de vin odorant et fruité, un peu de son réveil dans des spasmes dans les draps de la table où il soulève son torse caressé, quasiment adoré. Et interrompt au sommet de ses notes la chanson qu'il donnait sans souci. Et parfait son regard vers moi plus du passé immédiat que du présent. Je saisis son cri trop aigu, au moment où je m'éveille et laisse fuir un torrent dans l'éveil qui, lui, alors, se fait silence, stupéfaction, intonation interloquée par le liquide répandu, la coupe vidée, le geste souverain s'amollissant. Le gros regard rond de l'adolescent participe à l'éclipse vertigineuse que le rêve laisse passer dans le corps et ses relais : images et morsure, clignotement spasmodique du phallus, atteinte et bruit de verre brisé dans la chambre blanche où recommencent les autres bruits. Une incarnation. Faut m'habiller. Prendre le temps de s'habiller, et se laver, couler dans les draps leur nappe de jour, savoir quoi dire et partir ou rester dans l'éclipse entrevue à jamais en ne levant jamais le store et en ne disant jamais rien, en pesant le poids mort du petit sac aux deux billes, et la promesse qui maintenant se rétracte lassement entre mes phalanges. Et partir à contrecœur.

Je ne saisis pas bien pourquoi on appelle « vins blancs » des vins qui ont tous une couleur jaunâtre, dorée. Cela me paraît si injuste, si mal fait, si mal dit, si arrogant. Beaucoup s'excusent en disant : on ne parle pas de la même chose, on ne voit pas les choses pareil, chacun a son point de vue, on ne discute pas des goûts et des couleurs. Certes ; mais on parle bien d'un vin de paille, et c'est cela qui m'intéresse : le craquement de la tige vide et sèche dans l'été ; la couleur, l'abandon et le silence de la paille, ces tiges nocturnes entassées, ce bruit de vin dans la fraîcheur qu'elles n'ont jamais. Cette poussière que le vin a éliminée pour glisser. Le soleil aqueux et le sucre transparent. J'aimerais bien, dis-je en marchant, aller vers cela : un vin de paille. En marchant sous l'allée en face de la fenêtre l'après-midi et foulant les fanes longues des châtaigniers, voilà ce que je me dis. J'aimerais bien leur donner un nom pâle et chaud et frais de vin versé ; j'aimerais que ces senteurs de sperme et de paille nous viennent dans du vin dans un verre trembler à la lumière et se verser à notre goût dans un vrai nom. J'aimerais que cela soit ; j'aimerais que ce soit le nom du monde sous mes pas, du vin étincelant dans le verre évasé et ma salive dans la bouche du dieu ou de quelqu'un qui lui ressemble et qui dise : « paille » quand ma salive glisse dans sa bouche avec amour et qui me dise alors que c'est le vrai nom, la couleur et ma bouche. L'or de paille et de salive des mots et tous les jus du corps répandus dans les mêmes secousses et dans des noms capables de bien savoir, d'un savoir qui lui-même eut tant de peine à se trouver.

Puisqu'il n'en est pas ainsi, j'ai pris ma mesure. J'ai limité ma fenêtre. Je passe devant elle pratiquement sans sursaut lorsque je constate que c'est la mienne derrière qui ou quoi je vais en guet de son travail personnel de s'empoussiérer et de se rendre à moi qui n'ai aucune envie qu'elle s'ouvre ni donne sur rien et reste ainsi. Un, deux, trois, quatre, selon la ligne droite ou selon le biais de mes pas dans la cuisine. Quatre, six, cinq, trois, deux, selon ma rage de ne pas même tenir compte des nombres et des tables, et je parviens à franchir beaucoup de choses soumises, je reviens où s'installe mon fauteuil et vis d'être revenu voir la pénombre, j'ai le repos maintenant, rien à faire, à changer, attendre quelque chose de morne indéfini qui grise et amortit. Aller à l'aube en vélo vite saisir au bas des pentes le pain qui se mangera tout seul et les nouvelles, sans voir, passer cette horreur d'un jardin passé, l'odeur pisseuse des genêts et enfin revenir devant le perron puis la fenêtre qui ne me regarde encore que parce que derrière j'y passe mon temps et que la craie morte d'une plante, elle, ne bouge pas, est brune, incroyablement bonne comme mon regard résolu à ne rien voir, à patienter sans mots ; un, six, quatre, deux : six, quatre, deux, zéro, non ! et zéro + zéro = silence, visage.

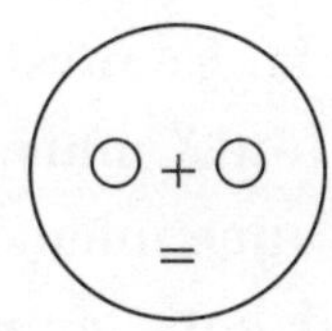

Non. J'ai fini ; les finances viennent à suffire. J'ai de quoi. Passant, même restant là, restant tout simplement, c'est assez. Juste se lever pour aller à vélo en passant devant le champ et chercher ce qu'il faut : pain + journal + ce qu'il faut, tout simplement revenir et rentrer en pensant à rien, en pensant que la garce est toujours à mettre dans sa chatte ses doigts rougis, ses ongles rougis qu'elle accroche, à pavaner son cul en parlant des géraniums d'une voix aigrie et elle crève que je la ferme et sois là, pas même à la branler d'un doigt, folle que je ne foute rien ni boulot ni son cul, énervée que j'attende, que personne ne voie à travers la fenêtre et personne à travers les volets. Quand je me tiens au fond de la pièce, je crois qu'elle rage, j'entends le clic-clac de ses mollets et son patati-patata. Je sais qu'elle mouille de penser à ma bite qui est là. Ce n'est pas moi qui vais craquer. Tout ce qu'ils font? mais à quoi ça me dit quelque chose, mais j'aime mieux être là. Quand j'aimais les pois, les haricots grimpants, quelquefois quand je m'endors, je lève la tête, je regarde les rames, je vois autour que c'est propre. C'est blessant. J'aime autant les grenouilles, j'aime autant penser aux grenouilles qu'à mon jardin. Elles me font encore rire. Gros yeux d'or, corps élastique, glissant, visqueux, peureux, invisible. Plouf, plouf, plongent. Plouf! sautent! Plouf! la mare, l'herbe, plouf! Ont changé d'être têtards, verdi, ont métamorphosé, n'ont même pas de baise, laissent du frai engrossé par des crapauds, ont de petites menottes, ont la nuit ; on ne les écorche même plus pour les manger, elles, elles sont peinardes, dans la rente comme moi, ont leur fenêtre vitreuse, ont bien raison, pardi. Je les appelle

« la véranda de mes petits rêves » ; sautant, sautillant, comme des cailloux sur un chemin et paraissant à l'improviste sans effrayer, des chiffres à quatre pattes disant : quoi ! quoi ! ?

Disant toujours ça et se cachant, restant sans bouger des heures et rentrant dans leur fors. Le mouvement de leur tête est le dernier que je blaire, il ne cherche rien. Je les appelle ma petite véranda, bien que rien ne bouge sur la véranda. Que tout soit immobile et sec, que je n'y veux rien. C'est le nom de ce ciment qui me plaît et absorbe toute la nature et les heures que je ne veux plus.

Alors je balance dans un coin mes chaussettes que maman ne lavera plus ; la soirée n'est pas finie, les rideaux sont tirés, tout est sec et je m'enfuis vers le bureau croulant de papiers, de pension, de retraites, de notes à payer, de crédits de toute part, les plumes sucrées du lit, le gros sac mou de l'édredon, les oreillers, les joues de notre enfance, comme dit l'autre, bien silencieuses et des valeurs, oh oui, mes valeurs dont le souffle de fantômes et de vie passée fait clamer mon sommeil tant que je n'ai pas trouvé la torpeur grise et l'extinction des feux où je m'affaisse en suffoquant.

Le monde considéré d'un coup, dès qu'on lève la tête, s'offre à moi. Il s'ouvre des coteaux que je parcourais. Ma pauvreté, ma nudité trouent mes habits mais aussi je porte mon sac avare et prodigue. Derrière, un homme pisse, un coq tourne au vent sur la toiture, elle expose ses seins avec sa veste rouge et la barrière me parle du passé : je vais la franchir sans charme et sans travail. Ma laideur m'a-t-elle enfin mis au repos et à l'encan ? Une histoire, un veau gras vont-ils me récompenser ? Un dieu va raconter ma parabole, ses disciples m'endormiront ? Je ne trouve pas à raccorder un souci et un repos.

Dans le grincement de la barrière tout se ranime et exige de moi le plus beau temps. Salut, collines et grenouilles, voix de mon sac et de la journée, futur aéré dans un pas et le suivant. La lune apparaît, se montre en plein jour pour ne rien dire.

Enfance, enfance : à force d'usines et de forêt, on ne cesse de vouloir.

Quelque chose de fini n'arrive pas. À moi. Quelque chose sans conséquence ne m'arrive pas. Ou ça me donne trop à faire et à penser. Dans les hameaux, la lune et l'électricité ; et pour finir la ville des yeux du rêve sans nuit pour marcher.

À la barrière quelque chose grince et fait peur, me fige et me précipite. Je crois que j'ai fait ce geste de la pousser, je crois que c'est moi.

Et que c'est quelque chose qui l'a fait pour moi, quelque chose nommée barrière, ou rêve ou marche ou vin de paille.

Deux ou trois rêves
Deux ou trois veilles

Je vais raconter trois rêves solennels dans l'ordre de leur apparition.

Le premier eut lieu il y a longtemps. Je me trouvais sur une sorte de pyramide de pierre débouchant dans le ciel. Bien que naturelle, la roche semblait faite de degrés ; c'étaient des marches blanches ou un feuilleté de schistes rugueux. J'y étais dans une belle lumière verte et blonde. Rien ne se passait et rien n'avait à se passer sauf des ruissellements et des ruisseaux glissant, avec les façons habituelles de l'eau : du haut vers le bas, répandant des reflets et du mouvement, donnant de la gîte et une calme hauteur, une exaltation tranquille entre le bruit de petites cascades et les éclats que mes mains et mon corps versaient au sol. Il n'y avait pas à bouger, pas d'ordre à recevoir qu'être là. Tourné vers la base, je n'étais pas ravi ; j'avais assez de ce repos, consistant dans la vision et le perpétuel écoulement qui transformaient la montagne en une échelle de Jacob, une colline ordinaire et sacrée. L'équilibre n'incombait à rien. Il n'y avait à monter ni à descendre.

À l'état vigile, je ne vois rien d'autre qui ait correspondu sinon :

1. L'an dernier, dans une église de Venise, la vision du tableau de Tintoret : « Le baptême de la Vierge » où la petite fille qui va au temple paraît vouloir chercher l'eau de son nom à un aride sommet : mais elle a déjà reçu un nom plus glorieux que tous autres personnages au milieu de son ascension, une lumière sur elle dont elle ne s'aperçoit même pas, quelque chose de distrait, de reposé ; d'inutile dans l'effort qui n'écarquille pas les yeux. On ne sait d'où cela vient.

2. Le souvenir d'une après-midi où j'allais faire paître dans les Alpes avec une amie un troupeau de chèvres sous des taillis parcourus de rus torrentueux et amusants. Leur front butait sur les sinuosités que la trop faible pente opposait à leurs emportements infantiles tandis que les vieilles biques savouraient des épines, le tronc levé, avec une ferveur râpeuse. Elles ne sauraient donner de

baisers, pense-t-on en caressant leur pelage, en voyant leurs beaux yeux lourds, leurs cornes courbes.

3. Cette éternelle question du temps et de l'eau qu'on trouve chez Héraclite, sauf que l'alliance de pierre et d'eau m'a laissé vivant sans qu'il y ait une ou deux fois ou mille fois à descendre dans le fleuve : un rêve, seulement un rêve.

Quant à la formule de Goethe selon laquelle tout ce qui passe et disparaît est comparaison, bien plutôt, tout ce qui s'en allait montait au ciel dans une formule légère, s'échelonnait en silence à jamais autour du profil où je me trouvais, par lequel s'échangeaient sans cesse mon corps contre l'air et la montagne et mes mains contre l'eau et l'énergie douce du vide.

Pour le deuxième rêve, je voudrais poser au lecteur une question : lui est-il arrivé de faire quelques kilomètres, s'éloignant à peine de chez lui, des lieux de son enfance, d'être saisi alors par un paysage quasi le même que celui où il est né, qui le laisse sur le flanc ? Vous voyez que ces montagnes n'en sont pas, n'ont pas de ravins ; les masses terrestres cependant prennent hauteur et formes abruptes, se rapprochent ou se creusent, créent des échos et des soirs pleins de pressentiments. Rien d'inquiétant ne se dégage ; le sentiment du beau ne se trouble même pas de la distance que prennent sur la table où vous buvez un coup, les voix des amis auxquels vous rendez visite. Vous aimez tout à coup l'ombre des vallées, des combes. Ou la senteur silencieuse des feuilles qui les jonchent et, nocturnement, émettent des paroles. Cet état vigile à peine remarqué vous paraît, après coup, avoir sollicité un rêve, comme le drap dont on est couvert et qui est facile à remettre en place, à arranger, à tendre, à déplisser, à border, suscite parfois une présence capricieuse, volatile, irritante par ses fuites.

Ainsi, une nuit d'août, de fin août, je crois, après être allé voir en auto, grâce au loisir que nous offrent les congés payés, Michel B. et Dominique M. dans le Brionnais, pays de vaches, de prés, de bois, pas loin de la maison de ma mère, je fis le rêve qui suit :

Sur le flanc d'une forêt encombrée d'herbes et de branches mortes, en plein jour (en ce sens qu'il n'y avait aucune imminence de nuit), j'éprouvai le silence touffu, assez chaud qui régnait et ne semblait devoir se dissiper ni changer. Rien d'autre à faire que ce lieu proposé, comme on est sous des pins et, du coup, c'étaient bien des pins qui couvraient le ciel et le découvraient, qui rendaient la terre rouge et l'atmosphère de chambre enfantine où l'on entend se détacher la voix de sa sœur. Nous constations les mêmes choses qui, du reste, sourdaient de ce lieu en nous y impliquant avec la force d'une après-midi d'été sans nous demander notre avis. Le nom de sœur glissait du mystère et appelait à l'effort d'une impossible écoute dans le paradis végétal immobile et ensoleillé.

Des bombes orange tombèrent sans trop de bruit, dégageant de la fumée, ravageant et éclairant le sous-bois. Loin et seuls, nous sûmes que c'était la fin du monde. Ce n'était pas effrayant ; il était étrange, pourtant, de ne le dire à personne, de voir que ça se passait sans l'entendre dire, sans l'entendre commenter, sans en donner son idée.

Il s'ensuivait un calme insoluble et la colline, la forêt ininterrompue s'agrandissaient de fumées, de feux nouveaux, d'impacts amortis, de fins. Je ne sais pas si l'effort d'entendre continuait ou se dissipait dans cette contingence absolue, unique, frelatée, car ce n'était ni beau, ni moche, ni tragique, simplement définitif et assourdi comme l'orange l'est au rouge et la fumée à la flamme. Ce rêve me laissa perplexe et parut enfin me révoquer.

Voilà, puis-je penser, maintenant que j'écris, la conséquence d'un événement qui élimine la terre et les autres ; événement nourri dans le secret d'un cœur présomptueux qui veut savoir quelque chose de sa fin, quelque chose de plus que le rêve et la veille ; qui, jusqu'en sommeil, scrute le destin de sa terre natale. Voilà une conscience avide du possible comme de l'impossible, étouffée de ses fumigations, et qui ne fait que taire et révéler en même temps l'impression des mortels d'être seuls.

Mais non, ce n'est pas cela ! Je vois bien que la parole diurne cherche une conclusion ou une pensée, alors que ce rêve n'en avait pas. Et que je mets en péril sa solennité qui nous domine. Or le péril ne lui appartenait pas.

Je crains que le troisième rêve ne paraisse anecdotique, car il semble raconter une histoire ou, du moins, impliquer la présence et l'histoire de personnages. Cependant, non, c'est bien pareil : cette annonce mystérieuse, locale, inconcevable.

Nous sommes devant le mur qui fait face aux jardins et, en bas, à une usine. Puis les noyers, des prés, les forêts. Nous ? C'est mon père vivant et peut-être ou certainement, quelqu'un, derrière, dans la salle à manger. Quelqu'un ou plusieurs, certainement ; ma mère, mon frère, mes sœurs ou d'autres. Quelques-uns de tous ceux-là. Un ruisseau coule à nos pieds, rapide, furieux, blanc. Il vient de derrière, de là-bas derrière, de la route, suit comme les eaux de pluie la limite du jardin qui s'engouffre ou dégringole dans la tranchée qui sert à l'écoulement des eaux usées. Sa présence soulage une longe attente. Il rejoint la rivière du bas, l'Aaron. « Maintenant, dit mon père, les ouvriers ne partiront pas. » Je les vois sur le chemin venant travailler ou rentrant chez eux, au bas du bourg, avançant fidèlement sous les peupliers, luttant contre l'endroit glacé ou profitant de sa fraîcheur.

A-t-il dit : « Peut-être que les ouvriers ne seraient pas partis ? » Et je vois dans ce nom d'ouvriers une lumière de voix forte et perdue, étayée par ses gestes et son corps parlant. C'est tout. Nous sommes sur une petite hauteur et la vue se dirige vers l'ouverture de l'ouest, les soleils couchants. Derrière, il y a les bâtiments, les cours dont font partie la maison et la chambre dans laquelle je le veillais ou le veillerai. Le rêve n'en dit rien mais se dissipe dans une vapeur lumineuse et mélancolique et dans une véritable incroyance spontanée à l'égard du temps connu.

C'est à partir de ce dernier rêve que j'imaginai de raconter les deux autres. Et que je le fis. Puis il succéda à cette écriture une très pénible période où le troisième avait disparu de ma mémoire, corps et biens. Lecteur, tu devines ce lourd échouage où manquent à la fois la fin et le commencement, le départ et la conclusion.

Cette nuit de doutes personnels qui n'achève rien et qui ne s'achève pas. Cette querelle à mort et privée d'objet avec soi. L'étrangeté. La veille, oui, mais plus indigne du temps que le pire déchet d'un rêve stupide. Scrutant aveugle l'oubli dont le sens s'efface à mesure qu'il pèse plus lourd.

Merci enfin au râteau avec lequel ramassant les feuilles mortes de la vigne vierge couvrant les murs et jonchant maintenant le sol rougeâtre, tout à coup, au lieu même, la mémoire se retrouva dans le bruissement de l'eau du rêve ressuscitée dans ce bruit monotone et flétri, roulant couleurs, brumes et graviers : parvenant quasiment des fenêtres ouvertes de la maison pour se raviver dans le mot éclairant de ma condition d'ouvrier.

Notre condition, je pense, unique, magnifique et solennelle et que l'on ne sait dédier ni au jour ni à la nuit. Qu'il est étrange et beau de n'être pas dans leur partage !

Pourquoi écrire, alors, cette exclamation ? Pourquoi risquer pour rien l'oubli et l'insomnie, la partition fatale de l'âme ? Pourquoi risquer d'être le corps gardien de l'absence, en souci, futilement, de rien du tout ? C'est que le bruit des pages tournées, l'ordre et la scansion hasardeux qu'elles donnent à la parole, leur tissu d'inattention et de ferveur accordent au livre parfois cette magie que je ne songe pas à ignorer ni à exercer et dont je suis pourtant un responsable ou, en tout cas, l'unique destinataire à jamais. Si le bruit de la parole court devant moi et devant nous sans rien choisir, après m'avoir cependant choisi et demandé ce travail et ces mots, ce n'est pas comme la mort silencieuse, d'être là et de dire ensemble cette réalité scabreuse et solennelle en phrases prononcées.

Non, ce n'est pas pareil.

Anniversaire

Je vis dans cette église un nombre important de vieillards. Comme d'habitude, je regardai les vitraux aux couleurs franches, découpant par magie les voûtes néo-gothiques fraîchement repeintes jaune coquille d'œuf. Malgré mon incroyance, je ne pouvais m'empêcher de comparer ces colonnes, ces voûtes, ces stalles, ce volume énorme à la dimension infime de nos maisons. Et surtout les voix, aussi traînantes soient-elles, quel que soit leur ton, étaient celles d'un peuple. Dans le misérable village entre fermes et usines, ils ont fait ça, surprenant, retentissant, coloré, plus haut que des granges et plus blond.

Un soupçon de culpabilité me saisissait – et je dirai à quel moment du chant rejoint par ma pensée – lorsque François Larue qui se tenait derrière moi, baissant à peine la voix, comme si le mystère n'en demandait pas tant (il est vrai que l'assistance était clairsemée surtout au fond de la travée sud, près des fonts baptismaux) me fit remarquer tous ces vieux, ces tonsures, l'absence des jeunes. La rougeaude qui à côté digérait son eucharistie sans exagérer sa concentration hésita entre une légère réprobation et une connivence plutôt sympathique, je le sentis, presque approbative, très tolérante. Les deux sœurs avaient prié si souvent et si souvent entonné que la conversation de leur frère pouvait bien figurer le minimum de distraction à laquelle l'âme est soumise même à ses meilleurs moments ; et qui sait si ce murmure ou quelque lumière tombée sur le bois ciré ne va pas nous apprendre quelque chose de dieu ? Je me sentis soulagé de mes mauvaises pensées et même de mon mauvais esprit.

La nuque des femmes n'a rien à voir avec celle des hommes. Sur toutes ces vieillardes affairées, sur ces dames, il régnait des duvets blancs, légèrement roux ou des noms inventés par les marques de cosmétiques, de couleurs propres, courtoises, quasi futiles ; même à leur âge, une grâce individuelle oblige à se pencher sur leur cas ; ce n'est pas, mesquinement, une histoire de coiffeuse ; c'est cela, bien sûr, et c'est beaucoup plus ; on ne sait tout à fait se l'expliquer et en plein office, dans le drame de la contemplation, cela s'envole avec sa grâce de nom d'oiseaux, de désirs, d'infini. C'est dans cette rêverie volatile que le prêtre nomme parmi tant d'autres, avec une prononciation déplorable et négligente, méritant, je le pense, à peine d'être payée du prix de sa messe, le nom de mon père. Cela m'irrite. Cette indolence et cette morgue, on les reprocherait à un fonctionnaire ou un banquier. Il faut voir comme ils vous disent « monsieur Dextre », comme on les écoute, comme ils le disent ; il est vrai qu'on est vivant, qu'on gagne et qu'on paye, qu'on décide, qu'on rentre et qu'on sort, qu'ils en parlent à leurs chefs, qu'il y a des conséquences, mais quand même ! Quand même pensais-je, tandis que le ruisseau rapporté par le haut-parleur roule les scandales, quand même ! pensais-je. En même temps qu'ils prononcent vingt autres noms, je me mets à la place de sa lassitude de prêtre : ce ne sont pas des saints, allez hop ! il faut en finir, ite missa est, la vie attend dehors. Sans consentir à la foi que je sens malmenée devant moi, me saisit un sentiment désagréable de vulgarité. Du reste, à peine invités, quelques anciens s'échappent, comme innocents des rituels, passants plus que fidèles, habitués prudents de fariboles qu'ils n'ont pas clamées à pleine voix, et je crois qu'ils vont au café. Pourrais-je chanter cela : Eh ! Eh ! Eh ! Je crois - a a - qu'ils vont au café ! Factorem et torrefactorem coeli. Des choses visibles et des choses invisibles. Et quand ils sortent une brève irruption de lumière trouble le fond ; prélude au murmure suivant des fidèles, au bruit des pièces qu'on dépose maintenant à la sortie, non plus à l'offertoire.

À peine fus-je éveillé seul ce matin (éveillé par qui, puisque j'étais seul et sans travail ? Éveillé par quelle heure, quelle montre, quelle nature ? Éveillé d'être éveillé seulement, cherchant justement le désir marqué à ma verge droite qui se trouve sans cadran) je vois bien, sans effroi où je suis : la fête d'où je viens, étant donné mon mal de crâne ; le cheval à qui je parlai dans la nuit.

Il y a du persil dans un verre. Gabriel avec ses éperons est vers le bois. Mais c'est l'anniversaire de ma tante Francine et ce n'est plus l'heure de ne pas aller à la messe, puisqu'il est dix heures, non pas onze comme je l'avais rêvé. Je vais y aller pour elle, et je m'expliquerai pourquoi. Je me lave succinctement. Je me brosse les dents. Je remonte prendre une chemise. En fin de compte, je prends plutôt celle qui est sur la chaise. J'ai l'impression de devoir décider en peu de temps.

Elle est rouge, ce n'est pas une couleur de deuil, mais personne ne s'en offusquera, n'y pensera. Comme elle venait de son coma, elle m'a souri, elle m'a dit : « Roger, ça va, et Marie-Paule, ça va ? » Elle a souri de là-bas. J'aimais beaucoup cette tante dont la fenêtre donnait sur une rue et sur un jeu de boules à Montchat. Je n'oublierai jamais son balcon et le chiotte à la porte grise qui étaient au 1er étage du 95 du cours du Dr Long. Dieu sait que rien ne s'y passait, pour moi du moins ; tout m'y semblait installé, bien installé et prêt au départ. Si passager. Les aigrettes de cheveux mal peignés, déplacés dans sa voix qui ne regardait qu'en face. « Respirez fort », disait-elle à ses filles quand elles étaient à la campagne. Elle me paraît solliciter un souvenir sans psychologie, une vraie question sur les murs et les arbres, sur les voix, sur la distance, sur la croyance.

Les doigts noueux des vieilles femmes, leurs malices sans efficacité nous conduisent souvent à des sortes de clairières pour la simple raison que nous ne savons plus lire d'intentions : abandonné ce lieu rayonne d'être vu : graines de fleurs, langage, douceurs de fanes dérivant dans l'air, yeux glauques où pétille le bal du vieux temps, romances.

Dans cet état d'esprit, fidèle en quelque sorte, imaginons que je déménage de la place de l'église au bistrot, puis au cantique, puis que je mange d'appétit, puis que j'en vienne à l'écrit : pourquoi, radicalement je m'en fiche, au point suprême insolent, à la conduite intérieure : je me lève, il tombe un papillon blanc. Ce qui règne sur l'homme cherche en moi son issue. L'absence de solution me révèle la vanité, ma vanité, mais n'offusque rien. Ce calme est celui de la vie. Je le vois bien. Il reste beaucoup à faire, certes, mais je sors de l'église. Deo gratias. Respire, ma fille ; mais je suis un garçon.

C'est au mot de tristesse que je voudrais parler du monde (bien que je ne sois pas dieu). En ce jour anniversaire, je lève les yeux sur la campagne, le parcours de mon souhait me semble indiqué par les voies et les chemins dépourvus de fin sur lesquelles marchent des êtres pourvus de direction : ce sont de très belles femmes arrosant leurs fleurs, d'autres conduisant leur voiture, certaines avec leurs imperméables, puis une seule, absente il est vrai, ce jour, qui laisse ma vie avec la sienne.

Tout à coup, dans la grâce à mes reins, j'ai tout à dire sans préoccupation : Francine, comme devant le dire sans le répéter, ou Francine, Francine, répétant l'obsession manifestement insuffisante des ancêtres. Ce mot, brièvement considéré, ne va pas jusqu'à la préhistoire, pas même au lait de la prairie dans la nuit. Ce nom.

Je fus choqué lorsqu'à l'Agnus Dei, j'entendis la nouvelle formule : « Agneau de dieu qui porte mes péchés, c'est par toi que vient la paix » ou une formule optimiste de ce genre. Peccata mundi. Les péchés du monde. Mes péchés, Nom de Dieu ! mes péchés, ma maison, mon bain, mon compte en banque, ma soirée, nous y voilà. Woody Allen et sa brebis : tout ce que vous voulez savoir. Dans les grandes fenêtres verticales, si verticales qu'on ne peut rien en dire d'autre, ils ont inclus de force et sans le rébus des vitraux du moyen âge, quatre ou cinq figures d'apôtres et bien autant de prélats, à robe rouge, jaune, bleue, violette, de cinglants démentis à la religieuse communion des saints et à la vraie doctrine de la réversibilité. Les bras m'en tombent, il ne reste rien à faire ; tout s'est évaporé. C'est foutu.

Sur le sommet de ces voûtes plâtreuses nous allions, enfants, regarder la perpendiculaire trouée minuscule donnant sur l'autel. Poussière et angoisse de tomber, angoisse du péché de voir, de regarder ce qui n'était pas donné à voir dans l'utilisation de ce bâtiment. Nous allions aussi constater de visu la mise en branle électrique du battant des cloches, le nuage de poussières que cela soulevait, la machinerie mystérieuse de la pièce qu'ignoraient les âmes dévotes assises, debout, inclinées, chantantes dans leurs bancs cirés. Nous avions ainsi l'impression de frôler leurs ventres et leurs seins remués par ces bruits formidables dont l'origine dérobée, hautaine et blagueuse nous apparaissait dans son évidence, son humilité et son efficacité. Il était troublant de partager seuls ce mystère alors qu'en dessous ils s'en partageaient un autre au titre de tous les agneaux, de tous les péchés. Les meurtrières du clocher laissaient entrer une lumière fade, sans commune palette avec celle de l'église et du culte, mais le vert des prés, les arbres étaient là, d'autres pays s'annonçaient, les marches tombaient dans le silence sauvé par les araignées, l'inquiétude venait aussi au ventre, aux bras, à ta pinne, on débouchait quelque part en bas de l'escalier, on faisait en silence le tour. On avait fait un tour, c'était bien.

Planté sous la 11e station du chemin de croix (Jésus est cloué sur la croix) à notre banc, j'exprimais autrefois - pas aujourd'hui où je parle - une simple prière monotone dont nul mot, honnêtement, ne me revient, Jérusalem, Jérusalem, mon dieu, mon dieu, pourquoi m'as-tu abandonné ? Le cierge de Pâques et les santons de Noël, les cadeaux, les chaussures, la communion, Satan dans la nuit, les actes dans les aubes blanches et la morne récitation des enterrements. Le soufflet de l'évêque pédéraste sur la joue des enfants ; la grande robe rouge cardinalesque et le cul bariolé des singes (dont le nom est callosités fessières), le grand sucre pâle de la vierge en saindoux portant le petit Jésus, la voix des chantres exprimant en fin de messe une conviction combattue par la sortie des saoulards, le frou-frou du bal des dames relayé en sacristie par l'officiant qui se déshabille, la famille Rognon quittant son ridicule banc de patrons, faux seigneurs, industrieux de la cotonnade et de la serviette éponge, les Maréchal me voilà, les trous du cul, les confessionnaux à la volée, le prêtre gagnant sous la soutane sa jouissance aigre et interdite, une volée de cloches encore, un grand air à l'orgue, un enthousiasme, la place sous le soleil avec marchands de chaussures, de fromages, robes et vêtements, fruits, légumes, tables et attablées, vacarmes de verres tintant. Tout s'est transformé en si peu de temps, a changé de valeurs acoustiques et chromatiques. On sent le risque que tous les livres de messe et de bibliothèque soient jetés au ruisseau de la bonne vie. Comment s'appelait donc cette vieille sans pitié qui n'offrait qu'à moi les 20 centimes pour la bibliothèque ? L'injustice rayonnait sur son visage, magnifiait à sa façon les heures du dimanche dont tous étaient avides alors qu'elles l'écœuraient. Elle avait dû compter ailleurs, me gratifiait d'un privilège, semblait avare, sorcière. La folie d'être à l'écoute d'un potentat, de le célébrer dans sa chute et dans sa royauté, dans sa paternité et son omnipotence, de gueuler « credo » comme des malades a ainsi permis d'exquises vertus contraires au bon sens et le goût enfantin de déchirer et de barioler dont aucun récit ne réchappe indemne du début à la fin.

Lorsque dans la pénombre provoquée par une ondée passagère la foule se retire, la foule, enfin, pas mal de gens dont chaque visage me semble désespéré du passé, beaucoup me serrent en vain la main, comme si nous avions exigé du ciel un dernier témoignage échoué et je reste aimable, chacune le reste, le désastre nous accorde l'équanimité, sans débat. L'immortalité de l'âme et la raison même de ma présence ici, à mon grand dégoût, se dissolvent dans l'indifférence ; la doctrine a crevé au profit de paganismes olympiques ou de je ne sais quelles passions, installées quasiment sans s'inviter. Sortons. Faisons nos courses. Allons manger.

Le timide vol bleu-gris du regard dont on ne sait jamais identifier la couleur, le battement d'ailes irrégulier par lequel les oiseaux communiquent avec la lumière et surtout avec les fontaines qu'ils découvrent même dans les flaques, le plissement du ciel en contrepoint de l'humeur, voilà qui me saisit de l'anniversaire et des draps du deuil. J'embrasse sans face-à-face le front de la figure usée, appuyé sur la table de la cuisine : elle est là où nous ne sommes pas.

La voix accentue, peut-être pas toujours, peut-être trop, un chancellement, un faux pas, qui s'articulent difficilement en paroles, se relevant dans une prière de noms engloutis et apparus, puis disparus. Pour nous tous, morts et vivants, peut-être, dans la dissymétrie de nos situations.

La Désolation

Une chose qui nous transforma, nous emportant avec soi.

Ceux qui marchent vite.

Les vieux. Une énergie. L'amour.

Voir une rivière, ce silence vert et blanc, le murmure à soi-même de la mort et des prises enfantines.

Arrêter de commencer tout le temps.

C'est une grande douleur de devoir te dire et te répéter cela, les malheurs que j'ai rencontrés, ceux de mon pays, de mes proches et les miens, notre histoire,

ma future trahison, tes derniers mots face à ce ruisseau,

la couverture jaune de la chambre des enfants, l'incendie de nos maisons,

le devoir qui m'éloigne de toi, de ton deuil, de ton destin.

***

La coutume de ne jamais forcer la voix interdit d'écrire que la coutume est de ne jamais forcer la voix, puisqu'elle est là, indécise et ancrée. Si ce n'était pas la coutume, ou si la coutume n'était pas, ou si c'était la voix, comment la voix prendrait-elle la coutume de se trahir et de trahir ?

Quelles douleurs tu m'ordonnes de réveiller ! c'est la fin de l'opéra : « Remember me, forget my fate. » C'est déjà ta voix. Souviens-toi de moi. Oublie mon destin.

Qu'un rêve s'effiloche parfois au réveil dans l'excès du désir qui l'a provoqué, en balbutie les dernières syllabes, oublie les pages déchiffrées ou plutôt et seulement les dernières syllabes qui auraient donné sens à la lecture passionnée du livre, ou qui l'auraient continué, ou qui auraient permis de reconstituer l'histoire aperçue, d'inventer la merveille engendrée par la dictée d'une voix si accueillante et si claire qu'elle ne saurait être la mienne et ne saurait se tromper, que la rédaction scandée et lumineuse ait rempli l'espace héroïque et studieux de la vie que le volume ouvert ne sait pas même corrompre dans sa forme finie et maniable, que la disjonction ne soit jamais sur les livres autre chose que le vrai b.a. ba, l'alphabet articulé des conjonctions, que les livres ne soient pas jetés, couverts de pluie, que le jour n'ait pas crevé dans le morne stupéfiant où se perdent l'égoïsme coutumier, les larves meurtrières et bénévoles de la grande confiance ; que cela n'ait jamais fini et trouvé une couche de terreau pour les dahlias fantaisistes, la présence, le corps volontaire s'affligeant dans les oreillers de l'innocente mémoire, le « me voici », j'ai peine à le croire. J'avoue que j'ai cru que c'était une mauvaise blague, et qu'elle aurait dû justement être interdite par la coutume : que la coutume aurait pu l'arrêter, comme l'éveil arrête le cauchemar. Ce n'était pas vrai, c'était moins une déception, qu'une différence inouïe, sans caractère, invisible, que rien de mes lèvres déroutées de dire ne palpait, que rien de leurs rencontres bruyantes ne pouvait ébruiter. Silence ouvert avec la seule lourdeur ambiguë de ma présence qui ne se désire plus. Échouée, présence échouée, la mienne, ruinée de son activité, de son propos, pelée à jour, à jamais à cru de ses prononciations, crevant du jour de son oubli-destin, s'insurgeant, révoltée et remise définitivement à sa lourdeur.

***

Peignant ses cheveux délabrés par l'âge, le reflet laisse songer à toute une vie sans crime. L'or encadrant son visage attentif à se voir se peigner laisse sans âge son geste délabrant.

« O clarté dans les gestes ; moire de vinaigre, d'huile et de citron, vie de femmes et d'hommes ; des émulsions et de la soie ; écharpes, sauces, caresses et écoulements, fluides des membres et muscles génitaux, ardoises de la peau sous l'ongle et la bouche, reflets qui disparaissez dans la matière, visage que je pare et défais. »

Ne finissant pas mes phrases, dégonflée d'enfants, lasse, j'aime entrer dans la pénombre du bain où je me trouve belle dans un désir intérieur que personne n'étreint ; personne pour surgir, pour me laver, caresser mon corps à mes yeux descendant sous la surface de l'eau, en elle, puis dans la profondeur des ombres brunes ; je n'ai plus personne à ce moment répudié. La vie marmonnée puis criée, puis chantée, le ciel et le regard singulier pénétrant, l'autrefois qui m'a lancé son frémissement et sa torpeur, son glaive, je n'ai pas tué ; j'ai compris ton histoire, ton image, ton commencement, ta mélodie. Non, ta mélodie, je l'ai été ; j'ai couvert jusqu'à maintenant le souffle haletant, le désir sans histoire, la douceur. J'énumère cela pour moi-même et pour dormir. Je vois les orages du discours, leurs nuages sans jalousie.

***

Cavaliers ayant un certain calme. Je m'inquiète peu à peu de ces formes dressées devant rien et où l'explication est sans reflet, refuse l'être, non parce qu'elles seraient, mais parce qu'elles ne demandent pas.

Une chose, autre chose : être considérées. Explications sans reflet. Émulsions, vinaigrettes. Le bruit du tambour d'une machine à laver, le rythme moderne : éternel retour des êtres-choses, ou eux-mêmes s'étonnant de leur geste et de leur douleur ou de leur joie, n'ayant autre chose à dire, taisant ainsi la phrase, n'entrant pas dans le récit qui les constate cependant d'un œil captieux, les entoure et les invite à une compagnie transitive et passionnante. À la comédie.

***

Sa poitrine virile et ses pleurs trop enfantins : « Sous les bâches d'un camion, quelques hommes courbés vont chercher la nourriture qu'ils distribuent ensuite aux enfants et aux mères. Ils écartent fermement, sans méchanceté, ceux qui veulent escalader ou qui souhaitent se trouver une place avec eux, puisqu'ils sont seuls ; la poussière a l'odeur de la route âcre et abandonnée ; l'odeur des chiens, l'énervement ensorcelant des paroles redites, évitant la situation ; évitant de raconter ce qui va suivre en fonction du déroulement prévisible et des conséquences. Les vêtements portent une sueur qui n'est ni de saleté ni d'habitude et qui n'a aucune raison de cesser, de se dissiper, d'avoir encore la légèreté d'un passage. »

Appuyée sur son bâton, la vieille aux gencives déchaussées penche en avant sa tête où un collier vient cliqueter en résumé de tout. Exil ici et n'importe où : comment pourrais-je raconter cela du profond de mon lit alors que les figures du passé se tiennent à mes côtés, que l'enfer qui parle ne peut être accueilli par une oreille étrangère, ni par une oreille amie et que le présent demande ma voix comme envoyée par la mémoire, plongée en elle incapable de regarder ?

***

Il avait donc commencé à parler de haut et il se plaignait d'avoir à parler, d'être posté, d'être étendu. Il se plaignait de recommencer le passé et de le renouveler, d'y être et de deviner la fin entraînant sa voix, de n'être nulle part, en exil, non pas en exil mais sur la voie sans but de l'exil, laissant tomber ses dents à chaque prononciation, ayant l'impression que son palais se déchaussait à mesure et croyant parfois qu'elle, la reine, l'écoutait, il peignait les ombres du passé.

Inexpérimenté, comme les enfants coiffent leurs mères les matins de pluie où ils s'ennuient et trouvent ce divertissement lugubre qui au lieu des regards laisse voir et sentir les nuques soyeuses obstinément belles, solides, muettes, empreintes de parfum, opposées à l'innocence, à la confiance première sans image : on a l'impression et l'inquiétude de ne jamais rejoindre tout à fait le regard, rien ne se dit. Le bruit des trahisons passe par les véhicules sur la route, par leur résonance dans des pièces tranquilles où s'est immiscé le soupçon.

Où sont passés les frères et sœurs ? Un sourire flotte dans l'air, une ligne de vie inconnue se dégage et vient heurter le rocher, et cela donne des pleurs inextinguibles, un ruissellement mais aussi la brèche d'un silence où rien n'a de sens et où va pousser dieu sait quoi. Sur ces rives qui se créent dans l'après-midi. Non, dans le matin. Ou, non, c'est l'après-midi ou maintenant. Tout simplement, ce n'est que maintenant, poisson qui saute hors de l'eau, trouble la nappe tranquille et morne, hors de son élément, fouette l'air de sa nageoire caudale et retombe dans l'aquarium.

***

Rides grisâtres. Ourlets dans le lac et aussi dans la nacre des coquilles d'huîtres ouvertes. Sous le firmament. Le plongeon a provoqué une émotion, qui s'étend à partir du point de contact, qui vibre et cesse. Du haut de la falaise, le laboureur découvre les montagnes, la baie, il continue de travailler aux sillons qu'entraînent les chevaux en peine, aux sillons que tracent les chevaux de peine, la mer ourlant les plages de sa trace monotone et régulière, le jour troublé, borné.

Un bruit dans le visible, comme Jeanne d'Arc entend des voix dans les chênes, voix de batailles et de saints, sur la plaine, avec des moutons :

Poitrines opposant leurs carcasses de rumeurs et de fables à la tranquillité de la prairie ou navires accostant à un moment de mots, de lances, de mouvements prodigieux finissant dans la menace.

***

En colonnes, arrêtés, les trois groupes verbaux annoncent à l'ange enfant leur existence insoupçonnable. Ils se déploient sur tout le tableau possible de la langue. Ils sont à deviner dans leur autonomie masquée par la parole, se révèlent au participe présent et expriment leurs incongruités. Nous voilà dominés par notre plus simple expression : je joue, je finis, je rends. En jouant, en finissant, en rendant. Le bruit de la forme. La collection. Dominés ? Menacés et plutôt forcés, violés. Producteurs de formes comme les gastéropodes de leur coquille. C'est vous qui avez formulé ce verbe, cette enveloppe où se cache votre vie. Cette coquille.

***

Il se faisait un vent sur l'Adriatique. Un vent du nord violent et vif qui soulevait le sommet des vagues à leur contre-courant, levant dans la pluie des gouttes d'eau un arc-en-ciel, puis un autre, aucun ne restant, aucun n'étant Vénus dont le corps troublant me demandait protection et caresses malgré sa beauté.

C'est moi qui l'appelais, descendant un sentier rouge entre les plantes et les roches, vers la mer, entre les vents, les cieux. Déesse fragile, tu blesses les cœurs ; on est silencieux au milieu des autres pour te voir. Mes pauvres sandales, même ma pauvreté, je devrais encore les quitter pour toi. Tu frissonnes de tomber, de t'élever, de t'évanouir ; la mer prend l'odeur de ton désir et je suis entré déjà à mi-cuisse dans les galets en blessant mes pieds pour baiser tes lèvres basses où j'enfouis ma langue et crois te sentir naître aux secousses de ton désir. Quand je pense que tu m'abandonnes, tu branles mon sexe étriqué par le froid.

Mon poids humain m'est rendu, mes cuisses, mon désir la trouvent dans le bain où je la pénètre intimement. Lentement, jusqu'à me rendre présent dans la partie exilée et attendue de mon phallus qu'elle accueille en fermant les yeux, levant mon énergie, sentant la parole mourante de ses lèvres traduite par la blancheur de ses membres agités, le ciel, les draps du ciel, le foutre répandu, l'inondation qui retombe dans mes bras et le soleil vert de Chypre, tandis que rosit sa chair au-dessus de la mer, extirpée, enfin donnée à mes bras qui la soulèvent et la trouvent dans ses flux, reflet et grève qu'on ramasse, instant dont la pointe laisse échapper les cailloux du temps, les fracassant sur la plage où est son corps, mes tempes frappées par les vents qui l'apportent.

***

Formes qui nous oublient
contrecarrées par notre oubli.

(C'est-à-dire que nous croyons encore voir ce que nous croyons avoir vu, qui ne s'est pas donné entièrement à nous et se détourne en nous montrant son cul à l'égard duquel s'excite notre impatience.)

Fuites.

Postérieurs que l'on peut voir, non la face,
anus que les langues ne lèchent pas,
dont l'œillet au regard
flétrit,
que seuls
décontractent les pets
et la fiente.

***

Garçons émerveillés par le combat,
emmanchés par la nuit.
Étoiles-marguerites dans le gros silence
des bras de leurs amis ;
aboi de bites dessinées
par des chiens sur les murs.
Raideur, humidité,
Chevaux cabrés qui se baignent
et se retournent vers nous ;
en silence. Sans vouloir le silence.
Chevaux bleus
enclavés dans la monnaie des barbares,
leurs mains, leurs baies, leur gui,
leur galop obstiné, un peu fou.
Lueur de lait bouillant de leur semence.

***

Je n'ai tué personne. J'ai porté mon père mourant sur les terres incestueuses. Je n'étais pas aveugle. C'est la nuit autour de moi qui faisait la nuit. Je n'avais pas besoin d'un guide. Personne ne m'a pris la main. Entre la luxure et la mort, je chantais ou chantonnais quelque chose de vitesse et de graviers, d'herbes. Je peux te dire ces mots :

Plutôt rien,
rien ne me porte,
je ne porte
que les portes de la nuit,
les jambes qui se joignirent
et celles qui s'ouvrirent pour me commettre.

***

Je m'endors souvent comme un homme qui ne saurait trouver de repos. Mon corps est là, un tourbillon s'empare de lui, me pétrifie et me disperse. Mon cœur va lâcher. Je pèse lourd, un animal solitaire frappé par la mort. Est-ce sa mort ? Il ne se souvient de rien. Fracturé. Il sent sur son arrière-train un ange ou un esprit de silhouette humaine qu'il porte et qui lui montre son chemin, alors que le chemin semble cesser, que cette semblance envahit tout et détruit la paroi. Il tombe.

Au fond, il y a tous ces restes de jouets en tissu et en bois que je flaire à quatre pattes dont la destruction désole, pue, asphyxie, terrasse. Je modèle entre mes doigts ce qui n'existe pas :

la vie au ventre creux, sans machine, meurtrissante. Je joue avec ces restes et ces morceaux, je me souviens du feu brûlant mes animaux et il me couvre une honte devant vous, même devant toi, un silence, car c'est tout ce qu'il y eut dans ma vie.

***

Les engrenages, les caisses de bois. La résine, le cambouis. Les navettes, les fils, la sueur des femmes, la senteur des roches ; les ronces, les orties ; ce n'est pas d'une histoire de héros ou de tapis volant que j'ai envie, ma reine.

***

On était justement en train de parler des enfants, et juste, il est tombé. C'est tombé en cloque : « puer, abige muscas. » Enfant, esclave, chasse les mouches. Je rêvais dans ma solitude lorsque c'est arrivé. Désespérée d'être mère, j'ouvre la fenêtre et regarde la place de la petite ville où s'installent des forains, des tentes, des monuments idiots.

***

Chasse les mouches, enfant. Il en plaque une sur le mur, tache le mur. J'écoute la folie immense de la guerre dans leurs orchestres de merde sous mes fenêtres et leurs tambours et mon impatience.

***

Je rencontrai par hasard ce captif que j'avais désiré mais n'avais pas forcé parce que ses yeux, après m'avoir regardé, s'étaient détournés de moi. Je lui parlai avec familiarité et j'entendis à nouveau son accent étranger, les défauts de sa prononciation qui venaient aussi de son propre corps ou du corps de sa propre langue. On aurait dit que pesait sur mes bras l'abandon qu'il m'avait refusé. Et cependant je ne retrouvais pas dans le plein jour le vin et la nostalgie de la lune qui illuminaient son visage la fois où je l'avais trouvé. Il était encore là et semblait prêt. Il me parlait de sa vie comme à un ami qui l'aurait toujours connu, comme si nous nous étions connus, comme si la magie avait disparu. Maintenant que nous étions pareils, je voyais la frontière lointaine à rejoindre pour franchir l'indifférence. Le futur va-t-il nous amener encore à ce commencement qu'il m'aurait donné ? Il faudrait retraverser les apparences. Tandis que sa parole me retient, que ses gestes semblent à la fois continuer, regretter et reprendre, que je ne m'approche plus de lui, alors qu'aveuglément la proximité arrange une chambre, un parc, un aveu, mon sexe prend une posture de vigie aveugle, couverte par mon vêtement. Mon visage semble l'abandonner avec les objets du passé, l'instant perdu.

Médite-t-il maintenant de me conquérir, alors que nous sommes tous deux en fuite ? Je le crois un peu, ne sachant quelle parole il pourrait inventer pour me coucher et à quoi bon ? Auprès de lui et à quoi bon ? Auprès de moi qui le serrerait. Il me redirait le mystère dont il a souhaité que je me détourne.

***

À jamais. Je ne peux redire jamais tout ce que la vie a offert, tous les événements qui ont eu lieu et ce qui a failli commencer ou ce dont on voit la chute. Est-ce que je peux susciter ton désir en racontant ; est-ce que tu es belle à ce point ? « Bella, çiao, Bella, çiao, çiao, çiao. » La coutume italienne. La coutume de quelque part pour dire adieu.

Plutôt quand tu entres dans ton bain, plutôt quand je parle dans mon lit, de mon lit ; j'entends au bruit de ton souffle que mes paroles résonnent, bougent ou s'étouffent, que rien ne cesse ni ne commence, que le battement du temps essaie de lier l'émulsion du dissemblable, comme si nous étions battus par lui, comme la cuiller et le saladier, comme la comparaison et le réel, comme ce qui s'agite et ce qui tient.

Je te prends et mélange le désir à l'infatigable reflux du passé et ton image qui vient dans ton corps à l'impatience qui te désire et qui te connaît en retombant à son destin.

***

Que dites-vous de cela ? Mon travail n'est-il pas accompli ?

Personne. La chambre est vide de fatigue. Mon lit va me retrouver avec moi. Restes et silence avec le tètement d'une cigarette et sa fumée. Je crois qu'à un moment j'ai failli savoir précisément entendre ce qui me permettrait de poursuivre et de me joindre au plaisir à jamais en me soumettant au devoir de te raconter, à toi seule plutôt qu'en me soumettant à leur travail, la façon, la manière et les circonstances par lesquelles je suis parvenu, j'ai échoué, j'ai des pensées, je suis là. Oui, je te le dis, je tête la parole, par mon corps évacué, je tête le vide. Suce-moi. Oui encore, suce-moi ; c'est bon.

Une tête entre des cuisses, ce n'est pas ce qu'on voit tous les jours. On ne le voit pas. L'autre tête part à la renverse et ne voit rien. La bouche pleine et la bouche râlant, l'une se saisit des fesses et plante ses ongles, l'autre de la tête et défait les cheveux. L'enfant mit sur tout cela le silence indéchiffrable de son pressentiment, le sourire expulsé de son corps conçu par des voies insoupçonnables.

***

Divorcent les mêmes lettres qui composent rose, eros, les dieux, les choses, les noms des dieux, les noms des hommes. Je ne veux pas recommencer ce qui m'amène ici. Je ne sais pas ce que j'ai dans la bouche qui rêve de sucer, de baiser, de parler ; et surtout ce que je regarde, ce que je vois, ce dont je me souviens, se dispute et vit comme des filles à l'école avant la guerre.

***

Les vieux sont gourmands comme des chats. Les asiles regorgent de gâteaux, de bonbons, de liqueurs, de langues incapables de rester dans la bouche. La cavité du palais des mourants laisse paraître un intérieur immense et dérisoire où les clappements asséchés tentent en vain de produire de l'humidité. L'eau, l'eau qui vient à la bouche et on en souhaite la venue. L'horreur du sec. Le verre des conférenciers. Le vin des banquets. Les paroles, comme des ruisseaux dans l'oreille qui ressortent par la bouche. L'eau qui me permet de me rappeler de toi.

***

Le grossier personnage chante cela : il dit qu'il serait bien la voix et les pleurs de celle qui meurt du départ de son amant. Il fait les trémolos, la danse orientale et dit une blague : « Pourquoi les Belges se couchent-ils avec un verre plein d'eau et l'autre vide ? » La réponse est : « Un verre d'eau plein, quand ils auraient soif ; un verre vide, quand ils n'auraient pas soif ! » Arrête tes conneries, laisse-moi. Ou danse au moins avec le verre posé sur le front, sans rien renverser comme les vraies danseuses orientales. Remue ton cul. Ton ventre.

***

L'écueil sous la lune des rochers dans le parc dehors laisse voir comme on ne sait jamais finir. Son visage à la porte ne se désole pas ; elle vient regarder, entendre aussi des canards qui parlent au poète dans la nuit ; des canards qui se parlent dans la nuit, et à l'infirme dans son lit, dormant. Au mourant qui dort dans son lit, de canards remuant leurs pattes cherchant leur voie : « Coin ! Coin ! - Coin ! Coin ! »

Alors, comme elle l'écoute, de tout son haut le vieux se jette dans son récit, maintenant. Tunc !

De la sobriété

La connaissance qui resplendirait [...] *quelque instinct la chercha dans un nombre considérable, pour les déjeter ainsi, de petits verres* [...]

Stéphane MALLARMÉ

Il est bon de discerner d'entrée un des dangers de l'ébriété : c'est la conviction. Une fois que l'on est bourré, on croit, non seulement à ce que l'on dit, mais à la bienveillance, autour, de l'univers, des auditeurs, du temps lui-même ; à une sorte de sympathie universelle à laquelle peuvent succéder cependant la haine, ou du moins la violence, la tristesse et le froid, le sommeil puis la honte, la chute en général. Selon les jours, les individus, les états d'âme.

Mais il ne faut pas exclure de ce constat trop vite dramatique, pessimiste et peu critique malgré les apparences, une veine fragile, emprisonnée dans l'ivresse, et qui est l'équivalent de ces spirales bien conduites qu'on voit dans les agates ou les billes de verre : la passion s'y noue, à soi-même sans doute, mais exposée à la transparence : in vino veritas.

C'est alors bien autre chose que la vulgarité à quoi l'accablante hygiène voudrait réduire les nuits de beuverie (ou les journées, commencées dans quelque rade au petit blanc, qui se poursuivent en tournées, en des décisions incongrues transformant le sens des heures et des lieux : les amenant à cet état chantant d'étrangeté qu'on connaît, par exemple, au moment d'un deuil ou d'un coup de foudre).

On ne sait pas toujours bien boire ; parfois cela entraîne à une hébétude qui est sans plaisir ni débouché et qui est le revers d'autres places : la nuit franchie, la verve ou la colère intérieure écrites dans l'herbe ou la sympathie révélée dans les paroles avec les yeux brillants de ceux auxquels on parle en une heure unique, dorée et solennelle. Moments vécus sans faire fi de la permanence, autour, de ce qu'on reconnaît bien : comptoir, clients, animation d'un jour non férié... Rien n'échappe à l'esprit grisé de la foule des êtres et des circonstances dont la présence fait musique par un écart léger, comme ce temps (mort ?) d'immobilisation du tango. L'esprit en ce cas, est attentif à ce qui de la rumeur et de l'habitude se détache en gestes incisifs, attentif au ton de la voix décrivant tel monde borné, humain, éloigné comme les disputes d'un hameau, une légende en quelque sorte tenant de Joyce et de Giono.

La conversation est à son zénith au milieu de la société sans jalousie, des éclats de soleil sur la mer. Parmi d'autres, « *il n'est pas seul* », dit-on de l'homme enivré. Le désenchantement est divers, comme lié aux imprévisibles sorties de la veille par une loi d'ironie (oui, c'est la loi) mais sans autre nécessité que le rapport entre boire et se dégriser. C'est l'avoir bu. « Qui a bu... aboiera. » Gémissement, mais aussi un état de fatigue brumeux où les actes de courage disparaissent doucement, absorbés par un temps qui se repose, sans reproche précis, énigmatique : lendemains de fête dont on se moque en recommençant à travailler, à « penser ».

La faiblesse des moments d'ivresse est la confidence, un peu comme la grâce est aux chrétiens, l'occasion (la grâce « occasionnelle ») d'un rapport sans mérite avec Dieu. Sachant que le mérite n'est pas ce qui sauve, mais que la grâce n'est jamais non plus ce que l'on obtient, on se trouve dans un entre-deux fatal, et seule l'espérance tend la corde qui relie à l'Autre pour des instants bénits, évidemment, mais dangereux, peut-être en porte à faux, impudiques (d'où la honte qui s'ensuit).

Dans un premier temps, la danse peut très bien résoudre ce problème car elle donne le plaisir d'une incroyable célérité accordée, d'une intrusion dont le sens est quasi insoutenable vers les capacités à s'entendre de deux corps : on y est, en silence, comme au paradis du mouvement.

Une des hautes possibilités d'éviter le marasme du cœur à cœur est ensuite la plaisanterie : peu y sont aptes, et surtout pas les excités. Or ce n'est que le début de la nuit : plaisanter jusqu'au matin exige un désespoir profond, une déception. C'est parmi tous les outrages et dans le relevé net des impasses de l'existence savoir heurter le verre du voisin juste avant qu'il ne s'abîme dans le chagrin, neutralisé par l'alcool, de tout. Il y a là du divin. Je ne sais le comparer qu'à un mascaret : c'est un courant vif arrivé contre une énorme masse et qui la fait frémir à l'embouchure, semble la vaincre, ne la vainc pas, mais a de la beauté contre l'inéluctable.

Pas moins que s'arrêter en dansant, au morne le plus profond du rythme du cœur et de l'entraînement des mouvements entrepris par les membres. La vie semble quelque temps se dominer et regarder à côté, au-dessus de repères fluctuants : régner, exercer une seigneurie intervallaire, hilarante, claudicante, inspirée, débonnaire, à profusion.

Une juste description du phénomène trouverait là son point de départ, par préférence immédiate, en cette feinte gravité avide d'un équilibre menacé : niant que quoi que ce soit ait atteint la démesure, il s'agit d'avancer pas à pas au détail du réel et de ses logiques empâtées, emphatiques et précautionneuses.

Mieux vaut cet état où ressortent la déveine et le vertige que la convivialité où s'échange en fin de repas de corporations, de classes, d'équipes sportives, de chorales, etc., l'argumentaire le plus plat des démarches, des raisons, des souhaits : cela écœure, juste comme l'ordinaire donne envie de vomir. De telles soûleries éloignent moins par leur déroulement que par l'évidence de connaître déjà ce qui va se dire et dont on ne peut qu'avoir assez. Lourdeur gastrique liée aux opinions plus qu'au vin. C'est la projection réaliste de l'ennui et des fadaises du désir. Une sorte d'aire pour le discours savant (psychologique, sociologique ou médical) : c'est sa place, le tournoiement, l'incapacité, le commentaire, l'avis. On y souscrit avant même de se repentir ; on s'y vautre au plaisir de n'être personne. L'angoisse a inversé le bref éclair antécédent jeté par-dessus les épaules et le regard revient à ceux qui le captent, qui le voient. C'est la déchéance. L'entonnoir.

L'ivrogne honnête (comme on disait un honnête homme) se reconnaît au contraire à son discours volubile, sans prétention à légiférer, à son rire souvent épais, à ses déclarations métaphysiques, lyriques, attendries. À ses imprécations s'enchevêtre ou met fin un silence d'où il a la plus grande peine à tirer des certitudes, silence qui devient à la longue objectivement stupide, et, subjectivement, vertigineux.

Ça tourne et ça plonge.

Ce qui relie ces pôles extrêmes, c'est qu'à un moment donné s'en évacue le trop-plein, au pied d'une haie, c'est le plus agréable, le plus discret ou au ruisseau d'un trottoir, si l'on est en ville (quel plaisir alors que le bruit de l'eau courante!) et que resurgit ou non un homme nouveau: À moins qu'animées de passion (car, jusqu'à présent cette hypothèse n'était pas considérée) dans une ressource négligée n'apparaissent les motivations de la fureur ou de la rêverie profondes: des motifs de l'âme, incarcérés, se libèrent et il n'y a pas que des agneaux pour profiter de la porte ouverte. Mais enfin il y en a aussi.

Restons en face de l'onde pure réellement troublée. Voilà un homme, un loup aux paroles dures qui rappelle à celui qui est dégrisé et se plaint, qu'il fut gris. « Si ce n'est toi ...» Parole sage et fondatrice. Il n'est pas étonnant que par une prévision scientifiquement exacte, par une induction trouble mais perspicace, la révolte des ménades se soit déclenchée autrefois contre la force apollinienne qui veut tout régler avec violence, ignorante des masque, des illuminations et des nuits de Dionysos.

Force trop confiante dans l'identité, car enfin, sans aller jusqu'à convaincre qui que ce soit (nous supposons l'ivresse terminée et la « culture », le lien social ordinaire réapparus, consolidés par quelque sens commun, croyance ou religion) peut-on entraîner le penseur devant ces tombeaux – devenus cénotaphes dans nos musées – sur lesquels les ménades et les satyres, la panthère et le vieux Silène dansent et boivent, tandis qu'Hermès psychopompe emmène l'âme boire encore et à jamais l'eau du fleuve de l'oubli ?

Et enfin, commentons sobrement ! Avec une sobriété qui, si j'ose dire, sera fondée sur elle-même, comme le cogito de Descartes, et ne devra plus rien à cette sorte d'hystérie de langage qui, par moments, fait trouver un irrésistible plaisir à parler comme « un bourgeois qui ne sait pas écrire », disait Marcel Proust à propos de Sainte-Beuve ; disons aussi, comme un qui ne sait pas boire.

Et, puisqu'il faut vouloir nommer parfois les choses, surtout lorsqu'il est difficile de les distinguer, nommons « Sainte Beuverie » cette propension du langage à être toujours un peu pompette en ses congrès.

Gardons-nous-en, sobres amis ! Chers amis de la connaissance et de l'instinct ! Hermès, Dionysos, vous qui êtes d'ailleurs et parmi nous tout à fait, gardez-nous-en !

Musiques et Chansons

I

Le cri d'un paon dans le parc de la Tête d'Or : « *Léon ! Léon ! Léon* ! » On ne songe jamais à leur donner un nom comme aux chats, aux chiens, aux chevaux. La petite poule rousse. Gédéon le canard : La vache qui rit, la Walkyrie. Benjamin Rabier : le dessinateur qui fait rire les animaux. Un marchand de fromages lui a volé cette invention. On a pensé à la vache qui pleure, jamais, à ma connaissance, à la vache qui chante. Le paon criaille ou braille. La vache meugle. On dirait bien que le paon appelle. Et la vache ? un son de trompe mélancolique. Les oiseaux chantent, piaillent, croassent, jacassent, rient, cancanent, caquettent, hululent ; c'est surtout le rossignol qui chante : alouette ou rossignol ? « C'est l'aube et l'heure de nous quitter. » Pour l'instant, sans nécessité, à l'ombre proche, l'oiseau appelle Léon, un homme sans doute, distraitement mais farouche.

Rire, chanter, brailler, être chien, faire d'énormes crottes, monter son cou dans les feuillages, rugir, battre des ailes, fondre sur sa proie, lentement se promener sous la pluie, piaffer, se répartir dans les cavernes, ondoyer de la croupe, battre des ailes, être une vague et des vagues battant d'ailes, s'élever, fondre ; il découvre son cul et sa superbe queue, il fait la roue, marche à pas d'enfant de chœur et braille dans l'ombre, en aveugle, dans l'ombre claire, mouvante, dans la prairie oubliée, frémissante et multicolore : *Léon ! Léon ! Léon !*

II

Assez de réaccorder le vieux piano de l'âme. Et l'instrument serait-il réparé, on n'est pas virtuose sans l'inconnu du chant. Nommer quelque chose d'autre que l'homme sans blesser l'homme, voilà le don qui manque ; ne pas frapper la corde avec le marteau, être l'oreille du silence qui résonne. Dire ce qui ne s'entend pas, trouver le rythme battant pour tous, au-delà du sommeil. Se réveiller déjà.

Le feutre sur la corde tendue, l'eau frappant le rocher, la rhapsodie des montagnes. Le vert volcanique des forêts tombant dans la vallée et s'épuisant, haies et prairies. Schubert en traîneau et Schubert sous la cascade, Schubert à la pêche et Schubert à la meunière. Et le père qui emporte le fils : « ô mon fils » – « il était mort ».

Cavaler, ces notes de nuit emportent la souffrance. La tour, le menuisier dort. Rien à bâtir, à construire. Le vieil instrument sous mes doigts. J'en ai assez. Le monde semble se fonder si loin, hors de nous, feuillages et paroles qu'on ne peut dire ni entendre.

Trop de peur. Une patience ignorée. Des animaux qui passent ou qui chantent dans le lit. Voilà que j'aimerais dormir, ne servir à rien, rêver à l'inconstructible.

Je voudrais le toit, les étoiles du monde, musique de poussières et notes détachées dans l'expansion de ma poitrine. Mes doigts palpent le drap frais et le drap brûlant, l'absence et la chair, tout disparaît sans le jour.

Lui, métamorphosé, passe au fil d'étranges mélodies intermittentes. Mes doigts n'arrivent pas à s'écarter de mon poing qui se serre pour le saisir.

Je crie d'angoisse. Organe et instrument : il serait si simple d'accorder au réveil autre chose que du travail.

Le nom de demain se brise par contrainte. Clac !

III

À côté du petit avion en plastique, gagné à la fête, pesant contre le vent, sur les feuilles de papier la carte de quelqu'un qui souffre encore d'être une fois tombé de haut : « Festival de Sarlat super et très apprécié du public. Musiques et chansons. J.P.V. » La signature à la fois lisible, gauche, descendant en cataclysme soutenu, amical, inattendu. Mon nom et mon adresse très bien orthographiés, formés et dessinés dans les soubresauts et la matière non refroidie de la lave, basaltes, lisibles, cassés. Cela m'arrive. Vient jusqu'à moi. Difficile écriture gagnée sur l'abrupt, l'indécis, la dégringolade, l'irrégulier, l'inutile, la nature. Gagnée en eux plus que trouvée. Ou trouvée à grandes enjambés inquiètes et précipitées, décelant un relief où les appuis en déséquilibre résonnent d'un désir de paroles frappant dans les rochers, les langues et les caractères : « La carte postale de l'amitié. La postal de la amistad. The friendship post card. Die Freunds chafts karte. O postal da amizade. La post-karto de l'amikeco. »

Comme on entend quelque chose de l'extérieur. Quelque chose qui est frappé, qui rend un son, qui n'a pas été donné formé par la parole et qui cependant la mérite et la requiert avec le danger de s'égarer, de se tromper, quelque chose qui frapperait toute oreille avant l'arbitraire de la conversation. Langue adressée et reçue, non conversée. La conversation arbitraire, non la langue. On tombe sur les mots ou ils nous tombent dessus. N'est-ce pas cela, se sentir libre de parler, tracer aussi des signes dans le destin ?

Parler et tracer à risque. Musiques et chansons. Très apprécié du public. Et signer. Adresser cette carte postale de Domme (Dordogne) :

Merci de ta carte. J'ai été plusieurs fois sur la terrasse regarder le cours de la Dordogne, cette belle rivière où se jette la Vézère. Je suis entré voir les dessins dans les grottes, sur les rochers, regarder ça ?

Ni musique, ni chansons, ni public ; s'accrochent au silence du relief, contredisent et épousent ses indications, sont au jour et à l'obscurité incessante pour apparaître en même temps à la main et aux yeux pour lesquels ils se dégagent.

IV

Ta phainomena

Mais les deux chevaux de Pech-Merle si couverts qu'ils soient de mains négatives ?

sans piaffer

On passe devant à jambes obligées de touriste.

Tapis rouge : « Parce que c'était lui, parce que c'était moi. » La Boétie, à Sarlat, et Montaigne. Le mot d'amitié n'existe pas dans la nature et ses entrelacs.

« Parce que » « Weil ». La rose fleurit parce qu'elle fleurit. La nature verdit. Dieu est ce qui verdit. Les fonds verts de Ravenne dans la mosaïque de Melchisedech.

« Parce que » au fond du rêve est un « Parce que », non les principes d'identité et de contradiction ! L'amitié ?

De simples briques empilées régulièrement pour Galla Placidia. Le rocher inégal présentant à la saillie sa croupe ou le soleil rouge en circonférence avec soi-même pour se coucher sous nos yeux.

D'un ongle dédaigneux et qui lui valut procès, André Breton descendu de Saint-Cirq-la-Popie où il passait des vacances gratta ce qu'il croyait neuf, c'est-à-dire une tromperie.

Chevaux qui ne se cabrent pas.

V

Millénaires de vaches,
de cerfs, de bisons,
quand cesse le bruit, quand les cavernes
au nom, au froid, dans l'odeur de calcaire et d'eau
nous laissent le souffle sur la pierre,
le geste et la couleur,
quand les enfants dans les gours,
quand les chevaux laissent au loin la trace de leurs pieds,

quand l'entrelacs des plafonds
libère des femmes, croupes et seins,

la pierre tombe du ciel, vacarme
retenu

et nous sommes aussi claustrés et griffés
dans l'écriture sans parents,

retentissant en elle seule

taciturnes, dégoûtant de pluie,
passant avec
nos défenses et notre encolure

plus que le rocher, en avant de sa magie,
pressant la mort
sous nos images et la vie.

Dans nos traits définitifs,
peut-être jeunes.

VI

L'humidité matinale rayonne dans un cahier où les morts se sont déjà exercés gentiment. Voilà le temps, sa distraction, l'éparpillement et une assez bonne volonté. Encre bleue du lac, un cygne agressif déploie ses ailes, ses plumes blanches, approche notre pédalo. Nous y allons à pleins mollets. La visite de l'oiseau nous intrigue. En fin de compte, il nous laisse contourner l'île, nous accompagne un peu, nous surveille pour une cause inconnue, peut-être un nid, peut-être rien, l'instinct, le plaisir de trompeter.

J'accompagne ainsi l'enfant ravi plus que touché par la présence animale : chose à raconter. Les plumes hérissées ; le glissement ; le sillage sans rien à dire que le sillage et l'éloignement. Dès qu'il plonge pour saisir un poisson, on voit son cul grotesque, frétillant. Ou plutôt le frétillement grotesque de son cul. Puis il glisse solennel à nouveau, blancheur, fraîcheur, matin, cou et bec. Bel aujourd'hui. Venant vers nous, ses plumes semblaient s'entrouvrir. Bel aujourd'hui. Temps précis pour la rédaction. On le voit venir silencieux, il trompette et cherche à mordre ou à blesser. Il a des manières plus lourdes que celles d'un canard, d'un vilain petit canard ; on lui octroie le chant ; on lui prête, on le lui donne ; sans l'entendre jamais, par superstition. Ses grosses palmes rouges agitent l'onde. Il va se dandiner sur les plages avec son cou phalloïde et contorsionniste, hésitant, cherchant dieu sait quoi. Tout à coup, on le sait.

De ses puissantes ailes blanches déployées et ramenées, il saisit le corps de Léda, se dresse un peu sur ses pattes et la pénètre. Il becquette son dos, son cou, la pointe rougeâtre de ses seins et jouit dans un battement duveteux, bruyant, venteux, météorique. Jamais elle n'avait connu ça, éblouie, explorée, entourée, aérée, soutenue, soulevée et vannée. Il la dépose sur la rive en poussière, en écume. Il s'éloigne. Tuba mirum spargens sonum. Le souvenir du dieu fait de son corps une instance muette et solitaire. Dans l'odeur extasiée de plumes, de foutre et d'étoiles, elle n'arrive plus à parler, à raconter, à clamer cet instant, sa puberté éblouie, le frisson mortel mais divin qu'elle sentira toujours

VII

En cours de route, sortant de la forêt, je rencontrai l'ombre de mon père, non pas à l'orée, mais dans une grande éclaircie sur un plateau foisonnant de plantes fleuries jaunes et roses agitées en surface par une houle (aconits et dents de lion).

Il semblait tout à la fois heureux de me voir et désireux de m'éviter. Comme incapable d'un autre souhait que celui d'être remarqué sans qu'il m'appelle.

En même temps que j'écrivais cela, le vent, plusieurs fois, ferme le bloc de papier.

Voilà ce qui s'est passé ! Sur la couverture grise, Diane tourne vers moi son regard. École de Fontainebleau, sans doute. Arc et flèches. Visage français, si blond. Petits seins, fesses sous le carquois. Va-t-elle me blesser, me livrer à ses chiens ?

Je n'entends d'autre aboi que celui du nôtre, familier, indiscipliné, malpropre. C'est alors qu'égaré dans les musiques et les chansons, incapable de la foison de la mémoire, je m'exclame dans le silence le plus reclus de mon cœur oublieux (ou une parole coupable s'exclame en moi du fond de cette réclusion) : « Je suis perdu ! » J'ai l'impression d'avoir déjà entendu cela : marche sans fin, ombre et désir, mémoire sciant la présence. Il ne m'arrive plus rien, plus rien ne se passe à l'étouffé de la voix. La vie a passé comme un rêve. Je me suis perdu. Et lui, il passe pour que je l'aie regardé : Pour moi, non pour lui. Raison pour laquelle il ne dit rien.

Quelles sont alors ces musiques et chansons ; à quoi bon ?

Étoiles filantes des nuits d'août : Las de former des vœux, je désire qu'elles passent, filent, élisent mon regard, adonné à l'incompréhensible infini pétillant. Diane ! Sonner la Diane. La petite oreille du secret.

On ne convoque ni les dieux ni les morts. Diane aux fesses roses dans la mare.

VIII

Je comparerai aux tilleuls dont la forme ronde donne aux prés leur nostalgie et inquiète les reins des haies, le désir d'être là, les pentes, je ne leur compare rien.

Lorsque les coqs sur les fumiers appellent le matin rouge, la mer des collines sans le vin salé de la mer, lorsque ces oiseaux freinent le soleil et trouent le feuillage qui les contient dans l'après-midi : ah ! qu'ils sautent sur les poules plutôt que de nous affoler pour rien. Pour la paille. Pour leur œil orange et leur paupière sans transparence.

Ruisseaux glacés, enfantillages, pierres roulant sous les pieds : un choix à la couleur que sèche et détruit le jour. Le jour sec. Die braune Stille der Welt. Drogue dans les veines. Alcools. Cou coupé.

Patrocle, Enkiddu, petits frères amoureux dont la flamme s'est éteinte, deux mensonges, mes souliers pour aller nulle part. Vous qui chahutiez dans les chemins matinaux et le bleu des dortoirs, dans les fougères.

Je compare cela à la chaudière de l'usine. Descendus de leurs fermes, chacun avec leur nom dans l'hiver oppressant, ils se rassemblent autour du charbon brûlant. Leur monde est fini. Les vaches sont lasses. Il suffit de parquer. Cela ne durera pas. J'en ai pas pour longtemps. Acquérir.

Le café coule dans les gorges en même temps que tombe une pelletée de charbon dans l'antre noir et rougeoyant fabriqué. La moleskine noire et le coton bleu conversent d'avenir : c'est le bruit des métiers à l'avenir avec, comme ça, de brutales plages fériées héritées de l'histoire. Il faut s'incliner. Je ne crois pas que nous en ayons brûlé des millions. Non je ne crois pas, brûlés, non. Rêve noir. Les imbéciles préparent leur panier vide.

Il vous arrive, monsieur, que vous êtes là, on vous donne la chemise et l'horaire. Plus quelques cours obligatoires pour y penser.

IX

Incohérence et rhapsodie sur la nappe de la salle à manger : la lumière éclaire tout, feuilles, stylos, livres, verre de vin rouge, briquet, fleurs, et l'éternel retour de la fenêtre.

Bruits de portes, pas, silence, animaux, appels toujours distraits et farouches. Même appelé par mon nom, un nom qui ne serait que le mien, comment ne serait-il que le mien, bruyant au fond de la gorge animale, retentissant de la figure non datée de l'instant dans les siècles, les collines, les générations. Recouvert de bruits, flamme brûlant au milieu de l'incendie, pétillant : « Léon, Léon. »

Entendu par hasard, jailli ou brûlant, charmé par le labyrinthe de tous les sons qu'il va connaître, parcourir et délaisser. Aucun travail dans cette éclatante lumière répandue. Fumier où picore un oiseau rouge et furieux. Non. Paille dans un champ isolé, brillant en petites touches fleuries sur les sillons gris.

À la fenêtre de la place des Terreaux, un perpétuel jet d'eau pressée jaillit des naseaux des fleuves représentés par Monsieur Bartholdi, Madame conduit le char de plomb gris et d'écume. L'eau des bassins jaunit, verdit, salit, recueille les détritus, boîtes et bouteilles qu'un employé ramasse dans un filet à crevettes, comme s'ils valaient les cris angoissés qu'on entend la nuit ou le matin, poussés par des femmes ou vociférés par des ivrognes au fond d'un trou à marée basse.

À moitié nu, ou nu, on penche le regard dehors découvrant au bas du palais le tapis sans charme, l'immense kitchenette prétentieuse et bornée, le froid égaré de silhouettes, leurs rires forcés, maussades ou leurs erreurs rapides.

Dans cet arrangement crépitent midis et soirs ; quand le temps le veut bien. Rien ne se passe. Se congratulent président et citoyens, parfaits au prix des photos et des consommations. Pigeons. Rares envolées bleues couvrant, d'un coup plumeux le monotone acharnement des fontaines. Ils ne roucoulent pas.

X

Lyon, la ville rugissante, le corbeau sur la colline et la roue ocellée. Par images et cartes innombrées en vitesse et en couleurs. Le cours, les remous, le clapotis. Les collines et l'ombrage. La soie des lieux glissant dans son irritante fluidité et les reflets.

Souvenir des cambouis, des eaux sales, écœurantes. Ponts. Industrie du nom des ponts, rires, fonds et emprunts. Pharmacie à ciel ouvert. Charcuterie. Voix d'opéra et de variétés dans les poutres de fer voûtées des abattoirs. Bataclan des métiers.

Dos brisés. Fermes renversées. Griffes de l'encre et du crédit.

Encore ni jamais, à la confluence taciturne. Toujours, plutôt. Toujours, encore ni jamais au moindre bruit. Au moindre de ce qui point et répond. Toujours. Toujours se taisent dans le choc des véhicules les voix animales et le silence des campagnes retirées. Les duns et monts du dieu Bel. Gauloiseries en fumée. Apollon gaulois dans les forêts retentissantes, pleines d'eaux, ruisselantes.

Dans le parc de nature puis d'industrie, je vois que je m'ignore et passe somnambule entre ces conséquences lointaines, mauvaises ou fastueuses. Les vaches rêveuses et blanches dans l'aube de fin d'après-midi sans soleil regardent que rien ne commence sauf leurs hanches venant vers moi, leurs paupières méfiantes, leur bave épaisse. Prés et commandement incertain, voix dans la solitude. Voix de grillages et de ronces. La clameur qui se retire vers le sans parole et le sans cri règne sur la paroi ; sur la face du pré qui s'éteint, tandis qu'anxieusement se dégagent les prémisses du rêve et du désir qu'expriment le souffle et les poumons.

Le chant matériel éveille et endort n'importe où avec sûreté la mécanique des récits et les aléas du vide, tant que rien n'est comblé, tant que l'écran du jour est percé de vocations ambiguës venues brailler.

Écrivons cela en attendant un peu d'esprit.

Quinze exemples encadrés

Le cuistot surdoué

C'est dans une après-midi de canicule
que les yeux de l'aide-cuistot
sont attirés par la demi-lune de gruyère qui transpire.
Il pense sans rien y pouvoir
au corps d'une maîtresse
dont la peau luit ainsi
dans la pénombre après l'amour.
Par blasphème ou
par anxiété quasi dévote
il recueille un peu de la liqueur
sur la troisième phalange de son index, face au pouce.
Il hésite à goûter, regarde encore.
Pleure un peu. Murmure qu'il l'aime.
C'est bien la seule vie ruisselante
dans cette rue petite,
dans le silence immobile et chargé.
« Silent life, Stillleben,

oui, c'est ça,
comme le plaisir
et la lune en plein jour.
Je nous crois surdoués
d'un astre de trop ».
Voilà ce qu'inspirent à ce mortel
sa modestie et un état dépressif.

« Par jour je ne fume que trois cigarettes »,
dit le percepteur,
saisissant l'une d'elles à l'issue du repas.
Il énuméra les trois instants
dans un silence étonnant,
sans bruit de cuillers, ni rien de remarquable.
Ce devint si léger, cette existence,
le bleu perdu aux vingt-quatre heures du jour,
on entendait ronfler le sommeil,
les feux incarnant la présence.
« Mon dieu, dit-il sans pleurer,
mon dieu, dans un hoquet, dit-il,
cela suffit, je crois. »
Et tous font de leur mieux
pour l'apaiser ; tous comprennent
que deux ou trois choses
comptent au cœur.

« Comme cela ressemble à une bite »,
pense-t-elle si fort
que malgré ses cheveux blancs
elle revient à son adolescence,
à ces jours curieux et clairs,
où elle n'en savait pas tant.
C'était manière de se protéger.
Elle se réfère à celles de Manet,
à la servante de Françoise
chez qui elles provoquent des étouffements ;
à ce terme que Proust emploie :
« cigognées, guillochées, pignochées ? »
à propos de leurs couleurs.
La tête lui tourne.
Même l'accord féminin pluriel lui saute aux yeux.
De peur de se couper,
elle dit à la cantonade :
« Certaines choses semblent des mots imprimés ».
Personne ne saisit,

mais toute la table rit bêtement
de la vieille originale méticuleuse.
Avec dépit, elle comprend
qu'elle n'a que trop raison, hélas,
qu'elle n'est pas seule, pas encore.

L'aubergine ne proclame rien. La si belle robe de son nom laisse un mystère à son goût. Jamais il ne lui est fait grâce d'exister en cuisine ; sa saveur est sans valeur remarquable, plongée dans les compositions où elle disparaît comme Œnone face à Phèdre ou Phèdre face à Ariane : elle est caviar, farcie, et surtout de ce plat où l'on mélange tout et dont j'ai oublié le nom commun et trivial qui me reviendra : ratatouille. Ce n'est même pas comparaison. Elle révèle à tous les légumes à quel extrême point ils ne sont rien sans sel, sans viande, sans condiment, et rien sinon cuits au point de perdre leur intégrité. Les sorcières président à sa déchéance. Elle est Lady Macbeth dans son habit de demi-deuil, tachée par le sang des autres. Elle éveille en nous un extrême désir de la voix qui interprète nos songes sans auteur et sans liberté.

Elle n'est pas la condensation, mais le déplacement. La figure de ce qui, cru, nous manque et nous entraîne, splendides et grotesques aux sommets de l'art ; une fausse note sublime de la Callas dans un opéra impeccable, acclamée par des dîneurs qui savent la partition et son contraire.

Sa beauté première sur les marchés est inoubliable, plus romanesque et secrète que le tapage des tomates, des courgettes ou des poivrons, sans que sa pauvre histoire révolte quiconque. À tant de légumes l'huile d'olive semble bénédiction ; les aubergines sachant ce qu'elles vont y perdre : couleur, autonomie, ne rêvent pourtant d'aucun bal, d'aucun prince charmant. Elles ont quelque chose de très moderne, quelque chose de charnel et d'éperdu.

Le biscuit à la cuiller

**C'est une femme au prénom mythologique
d'Appoline,
qui déteste le mauvais temps.
« Le vent, les bruits de volets dans la nuit,
la neige, les bourrasques, les ruissellements,
les orages qui nous ravinent les chemins,
les terres traînées qui engorgent les allées. »
De son air furieux, elle saisit
le biscuit, semble un reproche à l'univers,
une déesse qui en a vu d'autres.
Ma mère lui parle doucement
dans l'après-midi aux couleurs de jacinthe
et dit qu'elle a raison.
Tout se calme. Après la pluie, le beau temps.
Perpétuellement
se renouvelle la clémence de Dieu.
« Ce qui est proféré par un jour de colère
n'appelle pas les cloches
comme chez l'absurde Berlioz »,
conclut la croyante bizarre
en faisant carillonner dans la tasse
sa petite cuiller.**

Les tomates farcies ou le plaisir universel

Dès que la saison le permet, les demoiselles, les mamans, les oncles fous adorent proposer aux enfants ce plat de chefs d'œuvre rouges rebondis, cette providence toujours plurielle.

On les dirait des images, une page de mathématique illustrée naïvement à la sortie du four.

Même les prostituées en commandent volontiers dans les restaurants. On décalotte le chapeau grillé ; il est permis de les peler ou non ; couper, piocher, écraser : on fait comme on veut. C'est la liberté, le contraire d'un bizness, la preuve que le monde est bien fait.

Bernardin de Saint Pierre s'écrie et reprend avec la marmaille :

« Nom de Dieu, nom de Dieu, que c'est bien fait ! Nom de Dieu, c'est adapté même aux vieillards, aux bébés, aux édentés ! c'est le mardi gras d'art et nature réconciliés. Vivent les tomates farcies ! »

Tout le monde approuve dans les îles, dans les cuisines, sur les continents, et engloutit les preuves formidables.

Il faut cuire les navets très lentement avec un peu de lard. Même une femme écervelée peut comprendre cela, prendre son temps : la cuisine embaume, les tranches pâles dorent, gagnent ou perdent leur carnation comme des corps sur une plage.

À cette évocation, la jeune fille est saisie de révolte. « Jamais, dit-elle, jamais je n'admettrai cela. » Son dégoût profond la rendrait anorexique. Les images ne concordent pas. Le premier ministre à la radio perd des points aux sondages. Tout ravage ses intimes convictions et elle vomirait.

La crainte précipite la tendresse alentour. On dirait des oiseaux, de joyeux canards s'ébrouant dans la fange pour éviter le rejet.

Mais personne vraiment ne comprend la cause ; dans la casserole on voit un budget, des pièces ou des morceaux sans valeur. Les navets ont ruiné l'imagination, ne valent plus rien. Elle se sent molle, renonce à rêver à l'existence en général.

C'est ce qu'on ne fait plus, prétendument. Mais il suffit d'aimer un enfant pour la faire.

Premièrement, on fait cuire des pommes de terre pelées, en les salant de gros sel.

Deuxièmement, on écrase les pommes de terre cuites, on ajoute du lait, du beurre et de la crème, un peu de poivre, deux ou trois râpées de noix de muscade. Et l'on sert.

Vraiment, je ne vois pas ce qu'il y a de compliqué.

On peut la faire plus ou moins fluide.

Il faut faire attention à ce qu'il n'y ait pas de grumeaux. S'il y en a, tout le monde s'en fiche mais ça fait un sujet de conversation dont il est facile de se libérer.

Personnellement, je mets un peu de laurier (une ou deux feuilles) dans l'eau de cuisson. Je m'aperçois que le troisièmement, on mélange (on la sert) m'a échappé et que je reviens sur la préparation : Purée (c'est ça la purée) ! On l'écrase en tous sens.

On y revient sans scrupule ; ce ne sont pas des objections, ni de petits cailloux, mais des grumeaux digestibles, pas blessants, qu'on peut y trouver et alors les écraser avec la langue sur le palais .

Il y a peu de circonstances dans la vie où l'on puisse dire aussi tranquillement : je fais ce que je veux ; il suffit de la faire. Mais il faut la faire « quand même » comme disait Coco Chanel, libérant le corps des femmes de leurs inutiles contraintes, proposant le jersey. La purée est le jersey de la cuisine, son élégance naturelle, quelque chose qui a le goût du sein des femmes sans soutien artificiel. « Quand même », voilà ce que peut dire celui ou celle qui fait de la purée à ceux qui leur conseillent de ne pas en faire ou d'en faire de l'artificielle.

C'est parce qu'on l'a faite qu'on peut la manger. Cette évidence ne paraîtra lourde qu'aux fainéants. D'où vient ce mot de purée ? Eh bien, dit le petit Robert, « de l'ancien français : *purer*, purifier, cribler, passer ; bas latin *purare* ». C'est la base de tout acte depuis Kant et bien avant : une critique active des choses et de l'expérience.

Le mot de « purée » désigne en fin de course ce que l'homme peut faire, d'un tubercule assez obscur, venu des Amériques, poussé dans le sol, à l'ombre, pour un enfant qu'il aime. Voilà sur la table toutes les énigmes fumantes et délicieuses ; alors même que menaçait l'insipidité du légume souterrain.

Dans la masse, à la fourchette, se peuvent tracer des sillons parallèles, entrecroisés, où coulera le jus d'une viande, de petits jeux plus conceptuels que les arts qui se nomment ainsi. Comme dans l'Emile de Rousseau, on y apprend toutes les lois des fleuves, des ruisseaux, du monde, on s'en délectera !

En pension, je me rappelle qu'on retournait l'assiette. Elle y tenait. Moi aussi, je tiens à la purée, à ce plat qui semble s'effondrer et être inconsistant, alors qu'il est un des seuls qui parfois ne tombe pas lorsqu'on retourne l'assiette.

Encore une fois, il suffit de la faire. Elle s'offre blonde et pulpeuse avec de petits grumeaux oubliés qui ne sont là, par jeu, que pour agacer en notre bouche le goût d'un mamelon.

Je pense enfin que, malgré sa consistance liquide, la purée fait faire des cacas assez fermes, tranquilles, peu malodorants. Je dois dire que je n'ai pas vérifié. C'est dire à quel point j'écris sans souci.

Dans la galerie marchande
près de la gare,
je choisis souvent de manger et de boire
dans un café
où échoue n'importe qui ;
édentés, longs à la réaction, embrumés,
SDF, prostituées, personnels de seconde zone,
jeunes aux aventures plus ou moins dépenaillées,
boulistes à la retraite, familiers
de photos d'enfants
dépassant d'un compartiment du portefeuille,
et je ne dis rien, ne parle à personne,
lis le journal, m'enfonce dans la moiteur sucrée
qui m'englobe et me laisse un peu vivre
et un peu me lâcher ou m'absorber
à n'être rien.
J'y éprouve une sympathie relative
contraire à toute preuve d'excellence ;
l'accablement rayonne cependant
de je ne sais quelle bonté
de gestes discrets et aventureux
qui découpe les instants, écarte les soucis,

fait sourire les tables
et paraît la dernière pensée sereine
avant la fin du monde agité
qui nous enterre en cet endroit.
La fatalité
empreint de ses couleurs, de ses maquillages
l'ogresse à la voix de fausset
délibérant avec tact
de la conduite à tenir avec les hommes,
avec les serveuses, avec la vie.
Le bruit de ses raisonnements,
de ses constatations, de ses descriptions,
de ses jugements,
toute cette rumeur sans trémolo
donne l'envie de s'arrêter là pour toujours,
d'y dormir,
de ne plus jamais chercher rien d'autre
hors de ce coin
véridique et crépusculaire.

Sous l'ivresse des vins bus
au cours d'une choucroute,
il s'anime, chante, laisse tomber sa main
sur le genou du beau garçon.
Dans l'impression de chaleur,
il devine une peu secrète chance,
la vérifie audacieusement.
Sur la table tout est confus,
désordre filandreux, viandes laissées, cendres grises.
« L'assemblée va se défaire, pense-t-il,
au profit des au revoir, de la nuit ;
nous irons dans une chambre
nous caresser, trouver les chairs
roses, les œillets. »
Quelque chose nocturne et gracieuse
passe alors dans le restaurant
entre les esprits repus, bienveillants.
« C'est normal, après une choucroute »
se disent-ils à peu près.

Les mauvais vins
ou le bon goût mis à l'épreuve

Les mauvais vins ont souvent une robe violette devant laquelle, d'emblée, rechignent les connaisseurs. Le goût immodéré de ces derniers du commentaire les amène à refuser ce qui matériellement se marque trop vite : taches et maux de tête, couleurs d'éclat brut comme les pauvres améthystes. Ils préfèrent la diffraction des saveurs qui leur donnera langue quinze jours au rapide état second qui les libérerait de leur ennuyeuse conversation.

Le commerce ignoble qui profite de leur vente nous interdit de les nommer, ces vins, certes ces vins, mais non de les boire sur le pré ou la table, en nous fichant des châteaux et des conséquences.

Nous nous sentons plus libres ainsi, plus proches des inoubliables ivresses, des drames, de la beauté, des caresses que nous donne ou nous refuse l'univers dangereusement, avec notre complicité. Et y gagnons un goût d'autant plus vrai qu'il est de notre condition, même si le mal fait peur dans le bien. Il faut savoir payer, disons-nous aux bavards, aux faiseurs de légendes sans idéal, aux avides des qualités et de la renommée, aux intempérants de la doxa, aux incroyables de l'excellence.

Et à Cana, bien sûr, nous préférons finir avec de l'eau. Et à la Cène, encore plus !

Ces déclarations insolentes n'ont rien à voir les unes avec les autres. Je mélange tout, n'ai rien à dire. J'ai honte. Je cache la bourse et les deniers.

La salade de pissenlits

« Nous aimons bien manger des pissenlits »
dit d'un air de défi la grande dame blonde
et elle désigna un champ, un pré.
« Moi, mes enfants, mon mari ».
À ses coudes se ride le printemps cagneux.
Sa robe enserrait un corps
plein du régime des campagnes.
De son odeur deux bambins se détournent,
foncent sur leurs vélos,
renoncent à donner des nouvelles ;
leurs courses font des éclats bleus.
La beauté de l'heure me saisit.
« Madame, lui répliquai-je,
je ne sais quoi dire. »
Mais je ne cesse, depuis, de réfléchir
à cette après-midi,
au vert noir et dentelé de ces salades pauvres,
acharnées et délicieuses,
surtout avec un œuf mollet.

Les lois qui nous gouvernent n'ont rien à voir avec l'équilibre de beurre d'échalotes, d'ail, de sel, de poivre, qui pétille en laissant se relever son goût par cette fine herbe, dentelée de nature, puis déchiquetée qui lui donne nom.

Gouverner ? je vois la lune dans les forêts s'abaisser comme un étrange morceau d'oignon découpé, illuminé par la lumière solaire.

Elle va vite le retrouver au lit où, rougeoyant, il vient de disparaître.

Qui m'a aidé ? Ce goût éclairant les escargots cueillis dans la nonchalance d'après l'orage, et les orties, les fossés, les jardins ?

Devançant ses nombreux soucis, mon père prend ses bottes et les va paître dans une campagne vaste comme l'hospitalité. Mais terrible.

Le calme des voix illumine les jours.

Il est si simple de revenir, de manger, de passer. De parler à dieu lorsqu'on a peur.

Les crimes n'ont pas de lieu, pas de temps, pas d'orage.

Il me dit ça en pétrissant le beurre.

C'est à moi de tout faire, moi son fils, et je vois tout simplement que je n'y avais pas pensé.

Je ne crains pas cependant son regard noir, taciturne jusqu'à l'absurde.

Même dans la mort qui l'emporte encore avec une extrême lenteur.

Et personne ne gouverne ; le vent, les noyers, les talus ; dehors est aussi dans la cuisine quotidienne et odorante.

N'y est plus, désormais. Ou pas pareil.

Les enfants (que je connais) bondissent plus qu'ils ne sautent, ne courent, ne marchent. Ou sinuent, plus qu'ils ne traînent ou ne vont.

On ne saurait dire qu'ils ont un corps : sitôt éveillés, voilà une flamme qui se précipite au petit coin pour faire pipi, se love de nouveau dans un fauteuil, ou parcourt avec caprice tous les seuils de la maison dont ils dessinent l'architecture ininventée, échappée aux regards de l'aménagement, y mettent le cirque, le désordre, la pagaille, le beau silence sans commentaire malgré leurs cris, leurs rires, leur génie domestique insolent.

Là-dessus veillent impuissants, sidérés, les adultes-épouvantails en train de penser à quelque chose dont ils ne savent rien et qu'ils complotent de signifier, au sortir de leur sommeil.

Dieu merci, ces bondissements les délestent des précautions qu'ils ont machinées pour durer jusqu'à la mort.

Ils tournent avec plus d'amusement leur cuiller dans le café et pianotent avec leurs doigts quelques notes solitaires sur la table recouverte d'une nappe bleu marine.

Si l'on y réfléchit, avant même la toilette et le miroir, le gant, le peigne et la serviette, l'existence est une expérience insidieuse qu'il faut prendre comme elle vient.

La poignée de la porte,
oblongue,
paraît tout à coup proposer un visage.
Dure réalité
qui ouvre par hasard
sur l'entassement des choses
et le fluide passé.
Souci qui nous mène
dans le désordre, le déséquilibre, l'aventure :
Des forgerons du néolithique
à la panacée de vins, de légumes d'instruments, de fruits,
à l'ombre, aux caves,
aux passages anciens
où mûrissent les fromages,
aux livres pourris par humidité,
à l'immonde travail qui nous requiert.
Notre mère ferme ce lieu
plein de cris effroyables,
elle revient à la belle cuisine
qu'emplit la lumière

où tintent les casseroles, les assiettes, les couverts.
Une vague de jour s'abat.
Voilà une autre qui s'avance et se lève.
Une deuxième,
et mille, semblables par ses soins à une rumeur
bruyante, porcelainière, ferrugineuse,
jusque dans le placard.

Cadre

L'ange dans le coin
où le tableau va disparaître sans bruit,
gardien de rien d'autre que ça,
enfantin, distrait, insoucieux du sujet,
diapre et anime sans raison
tout ce qui fut donné
à entendre, à voir, à goûter.
De ses gestes insolents et calmes
provient la musique
des années et des fêtes,
sans lui oubliée, certes,
mais il est là,
chantant nativement
à la cantonade
fourbue de parutions.

La question du mal

Il faut que je décrive cette difficulté incohérente du mal qui m'est venue dans le lieu précis d'un lavabo de dortoir, à une heure précise d'un matin de printemps et dont je crois m'apercevoir que les retentissements n'ont servi à rien ; aucune étude n'a permis d'interrompre le bruit sans signification de l'eau s'écoulant offerte à tous les corps, la petitesse de ma pensée saisie par ce qui la dépassait, mais intriguée par ce dépassement.

***

J'aurais plutôt envie d'écrire un texte comique. Je ne peux pas pour l'instant. La gravité dont je pourrais avec des amis me libérer dans un rire est occupée aussi religieusement par des façons d'accentuer la catastrophe.

***

J'écoute s'élever cette passion de révolte contre l'exercice de la vie. Je la nourris. Elle obscurcit ma pensée en la dirigeant vers des raisonnements qui contraignent et qui interrompent. Il n'est pas possible que dieu nous oblige et il est évident qu'il ne nous embrasse pas ; cet abandon reconnu aboutit à une violente masturbation. On ne sait comment soustraire les êtres à leur sort. Lumière dans le dortoir. Épaules. Poitrines. Odeurs. Cela passe dans la solitude et devrait trouver à se dire dans un langage absolu qui n'existe pas encore, dont les corps, leur expression, leur naïveté, leur beauté, leur couleur s'affranchiraient en le soutenant, en révélant l'univers entier et d'abord la lumière blonde sur les pierres jaunes du bâtiment. Une parole pour entrer partout et savoir la même chose qui jaillit à la fois de la pensée et du corps. Le jour et autrefois avec la seule odeur de la nuit éjaculée, la seule qui a dit quelque chose. Qui a essayé de ne pas mentir. Ou plutôt qui n'y a pas songé, car elle ne savait rien. Et ce rien ramène à dieu, au même écoulement des fontaines et des lavabos du matin dont la clarté incessante et le bruit présent livrent un mal en même temps qu'un bien si fort qu'aucune idée ne les retient. Ce n'est pas moi qui ai créé cela ; cela surgit malgré moi, avec un tel assentiment qui nous dépasse.

***

Une odeur de pisse. La douceur familiale des savons. Les lits, petits lits solitaires aux draps froissés et intimes. Les sermons, la liberté, saint Augustin, l'horreur du Calvaire et l'adoration perpétuelle : toute la journée, comme toute la vie. On nous dit ça, qui est peut-être vrai, sûrement vrai, mais ce qui parle de dieu est si loin, extatique, et ce qui parle de nous n'existe pas.

***

C'est le matin. La beauté pallie le péché.

***

Dans les draps où, avant de s'endormir, le plaisir atteint leur silence, ils sont éberlués qu'on ne le leur ait jamais dit. Ils croient même que cela n'existe que pour eux. Les paroles qu'ils échangent disent que c'est bon, si bon. Cela paraît ensuite incroyable de dormir comme autrefois et toujours dans les oreillers, sous les couvertures, dans la nuit devenue par ce fait plus grande et plus voisine.

***

Le remords conjoint la mort ; à cause de ça, on bâtit et on regarde ce qu'on a fait. Il ne s'y oppose que les cafés, les lieux de passage, qui regrettent de s'opposer, lieux privés de souci, habitations. Terre morbide sans mort.

La violente télévision envahit l'ennui aimé, on ne sait plus quoi faire dans ce bruit parricide, évoquant la nullité.

Y a-t-il raison d'avoir été enfant ? Raison de soi ? L'école a été bâtie, hélas, inoubliable ; le jour meurt au soir dans d'improbables décisions accompagnées par les forêts, les soirées noires et humides, par les lampes et les interstices illuminés des langages où l'on cherche à parler, à dialoguer.

***

Il n'y a pas de lieu du crime pour le mal.

La question du mal. On ne saurait revenir sur le découragement initial qui nous exile et nous met à nu, comme Adam et Eve, non dans la Bible qui en raconte trop, mais dans la fresque de Masaccio qui les représente dans la chapelle Brancacci de l'église

Santa Maria Del Carmine dans le quartier de Saint Esprit de Florence. Le gros vilain Thomas, voilà peut-être qui était le peintre. Comme son patron, il devait toucher la plaie et avait horreur des fantômes. Ainsi a-t-il représenté l'histoire ou la poésie de nos parents et de nous-mêmes dénudés et chassés, en ayant soin que la peinture surpasse le récit, que la représentation montre notre présence déplacée et cependant réelle, avec nos talons nus, nos sexes manifestes ou cachés et notre faculté de pleurer ou d'enfouir le visage dans la main pour fuir le visible cependant avéré.

***

Ce gros con, ces couilles manifestes, la puanteur de dire l'origine et la force de représenter cela simplement. Partir au loin de soi, couple uni par je ne sais quoi. Ils abandonnent. Ils deviennent l'un l'autre et se divisent en même temps. Nous devenons l'un l'autre et nous divisons en même temps sans que cette période fasse varier notre conscience. Ensuite, le plaisir qui est de toucher et de prendre nous entraîne au loin, nouveaux mots, sans histoire de ce passé, inversant les propositions. Ut pictura poesis. Le visible semble à nouveau reculer et délivrer plus que ce qui a été dit ou plus que ce qui a été tu.

***

Ces gens qui à propos de leur vie, disent : « J'ai tout faux », comme si elle avait été un exercice, comme si elle n'avait jamais existé pour eux en dehors d'un exercice légendaire. J'essaie de me souvenir d'une phrase de Lautréamont : « L'erreur est la légende douloureuse » ?

Le goût pour l'écriture vient peut être aussi en partie de l'obsession de ne pas faire de fautes. Lorsque la dictée allait un peu trop vite, je bandais d'angoisse.

Peur d'être en retard, peur du fiasco. C'était à la fois deviner l'imminence du désir, la pulsion irrépressible et mettre en route le geste panique mais exact et conforme de devancer, de savoir, d'arriver à écrire qui sauve, qui délivre d'une angoisse insupportable. Enfant livré à la supposition qu'il saura s'en tirer et qu'il le doit pour ne pas créer de peine et de malheur.

***

Car ce que créée l'homme est le mal. (Telle était ma conclusion.) Puisque la liberté est de choisir le bien (telle fut leur supposition).

***

Une phrase se déploie pourtant dans l'espace non tranché, par la voix, de cette question (ou s'y abîme). Phrases enfantines qui recueillent des oiseaux (« Le courage des oiseaux », dit mon ami Patrick Laupin), en ce que leur essor agrège à l'imprévisible départ une portée sonore qui, sans prétention de s'établir, va gagner quelque autre lieu, par nécessité de se poser là où s'offre l'abri d'une fin à la fois vitale pour le souffle et acceptable pour l'oreille, pour la pensée.

***

Je viens de parler de ce que j'ai compris d'un effort de rédaction à l'école. Le maître nous fait dire à haute voix une phrase qui doit pouvoir s'arrêter, retomber. C'était ou c'est le seul effort de correction dont j'ai la mémoire. Mais cette fin peut-elle aller jusqu'à l'interruption ? La liberté s'ouvre immense et se mesure à l'immense. La cour. La vie.

Les conflits. L'inquiétude. L'anormalité. Les fautes. Mais aussi, les chemins. L'air libre.

***

Je cherche dans les livres. Dans tous les livres. Sur le mal et la liberté humaine. L'homme n'est pas au centre de son existence. La divinité de dieu lui-même ne se trouve que dans l'articulation d'un mot au-delà de sa mélancolie, de sa nostalgie, de son éternelle Sehnsucht, unissant enfin voyelles et consonnes. Il est un mot qui s'est trouvé prononcé, pas une cause de soi, pas un absolu et il est le but et la fin d'un désir de voir, recherche infinie de voir, pas de parler sans voir. Ou le commencement.

Qu'est ce qu'une conversation ? Les êtres qui se désirent l'interrompent, mais la reprennent bien au-delà de cette rupture et au plus proche, dans cette rupture même pour tenter de tout dire. Ils racontent leur enfance, leurs chasses, leurs erreurs, leurs prés, leurs murs, les lumières dans la maison. Les heures dans le lit à se toucher. Un lit, on s'en souvient toujours, c'est le bateau d'innocence sur lequel on peut tout dire tant qu'on n'est pas seul, où le temps ne passe pas ; c'est lui qui est la preuve du temps. Il y a de la majesté dans un lit.

***

Mais il y a quelqu'un ou quelque chose avec quoi l'on ne saurait converser, qui nous a mis au jour ou au monde. Dont la voix et le corps portent la nostalgie, et que l'on peut croire découvrir devant soi dans l'alternance de collines, la lumière d'un mur, le plaisir inouï ou un bruissement d'eau qui s'écoule. Que la pensée se saisisse ou soit saisie de cette révélation, cela n'offre que des gouffres insondables qui creusent le vertige ou qu'une fadeur qui ennuie et menace le geste au point de lui donner l'allure d'une comédie, d'une indéfinie répétition sur une scène de marionnettes incapables de rejoindre dans la vie la spontanéité entravée de leurs mouvements.

***

Tout cela désintriqué par la lumière si homogène à la présence qu'un désir en surgit à la pointe fragile du moindre mouvement, si confiant et interloqué que les motions du corps et de la parole veulent rejoindre cet au-delà insaisissable dont la musique de l'eau, rencontrant la faïence des lavabos, donne l'intonation et qu'il faudra le porter et incarner en se voilant la face et en ouvrant les yeux.

***

Assis sur le perron de granit, entouré par les murs roses de la cour, je regarde le gravier, ses infimes et discrets éclats, l'herbe ensoleillée, mes genoux dont la peau se détache en petites pelures ; sur les toits, le silence glisse avec sa propre intensité et les incidents du monde, oiseaux, feuillages, lenteur, qu'il transporte ; je ne regarde rien. Le bruit immense et sans inquiétude du matin rayonne dans les vagues frontières poussiéreuses que mes pieds en se déplaçant laissent sur le sol. L'impact des sons et de la lumière sont pareils et respirent au-dedans et au-dehors, distraits, instantanés, intemporels. L'escalier. Le lilas. Le lilas dans le jardin à droite et au loin.

Le simple appareil

Quand on passe dans la rue, le soleil de l'ouest est éblouissant. On ne distingue dans les commerces et les cafés que des silhouettes dont l'aboutissement à un visage est à la fois si impossible et attendu qu'on a l'impression d'être au milieu de la vie, baigné par un mystère qui se dérobe, témoin d'évidences et des désirs que suscitent d'autres vies, incapable d'en rien saisir, car ce serait trop de chercher à voir ce qui ne vous regarde pas et qui pourrait même vous menacer si vous insistiez dans l'indiscrétion.

***

Comme le soleil vient en face, on a l'impression d'être au milieu et l'on ne voit rien, ou du moins pas grand-chose, sauf cette marche de trottoir, ce pas rythmé que l'on a pris et toutes les marges sont dans une turbulence de leurres et de suppositions accrochés aux gestes, aux attitudes, aux voix, aux mains, à la mécanique de marionnettes recelant peut-être le secret de la jouissance par lequel on pourrait rejoindre celui de l'être si l'on avait le courage de rentrer dans l'ombre et d'affronter la déception qui s'ensuivrait.

***

Ce n'est pas une allusion, une esquive. C'est plutôt, comme dans les textes érotiques, le point où se rejoignent un raisonnement impeccable et la vision portant au tact, à des anecdotes qui vont se vérifier par une satisfaction passagère mais démesurée. On a envie de sans cesse nommer ce que l'on ne peut voir et ce que la bouche a envie de happer et de lécher, alors même que l'attention se concentre sans y parvenir dans les parties marginales et désordonnées, illuminées par le plaisir : sexe, seins, fesses, épaules, etc.

***

Les mains inutiles mais efficaces se font gloire de découvrir le territoire, d'être des explorations dont l'activité se dissipe en caresses, plus par joie, par pensée profonde que par curiosité ou par nostalgie. Croyant de façon incapable et heureuse que tout est à leur portée, va vivre et sourdre, échangeant les termes des corps distants ou inaperçus en un instant.

***

Dire est un si grand plaisir que s'y soustraire reviendrait à médire de tout, ce qui n'est pas très grave, mais surtout à renoncer à ce que nous refuse la lumière. Ce serait passer son temps sans logique ni musique, à ne croire à rien. À croire simplement.

***

Comme les saints et les érotomanes.

***

Je reprends la vision. Je ne peux pas. Cette fixité des marges. Les marges en face. Le regard partout. Je ne voudrais pas parler de peinture.

***

Dans ces zones d'ombre que je côtoie, mais d'ombres qui me côtoient et où le désir de visage s'exténue.

C'est la lumière tombant sur moi qui vient en m'éblouissant. Sans me ravir. Et elle est cependant universelle, d'argent, de soir, d'éclat, me ramenant à la réalité, simplement parce que je pressens son inconstance qui m'est plus intérieure, plus connue en quelque sorte, que sa manifestation extérieure incontestable et instantanée.

***

L'entendement et la volonté sont une seule et même chose. La langue pour lécher et la langue pour parler. Je crois dire ce que je veux dire. Mais la langue est dans ma bouche, bien que ce qu'elle suscite à l'intérieur et à l'extérieur de mon corps n'ait rien à voir avec ce lieu, cette situation. Avec ce corps touché, d'abord et plus tôt, par la lumière qui lui demande, sans le réclamer, d'être à une hauteur – de corps, certes – fugace et universelle.

***

La rue est un canal d'ombre, on s'y sent très bas comme dans le canal d'Alexandrie, naviguant dans quelque chose, la terre, qui a été creusée profondément et offre un passage jusqu'à une cour de lumière immense, désordonnée, dont le dessin inhumain raconte une autre histoire que celle dans laquelle j'avance, dont la danse chaotique menace d'exploser avec moi, mais en me réalisant enfin.

La place, banalement, n'offre que de petites tables sur lesquelles sont accoudés de multiples êtres humains bariolés parlant à l'infini, découvrant tantôt leur rapacité, tantôt leur totale futilité criarde et quasi généreuse. Il faudrait tomber à leurs pieds pour se reposer fraîchement et trouver les hanches frileuses et claires dont l'espace est hanté, le désir variable et sans but, le cri unique.

***

C'est bien après que le regard découvre. Pour le dire autrement : c'est bien après que je vois ce qui s'est découvert. C'est une faiblesse enthousiaste, ruinant la marche, mais lui donnant ou lui conférant l'aptitude première de tout accueillir dans le silence et la lumière éblouissante. Terre et peaux, surfaces blondes du monde que ponctuent des motions de gestes et de paroles rassemblés en tas incohérent au bout de l'expérience. Ce ne sont pas des restes, ce n'est pas toi, ni mon désir, c'est le monde où nous sommes, nous éveillant en nous tenant par des bouts de nos corps, et nous entendant respirer. Un souffle dans les draps. La fontaine mouillée, la raideur érigée qui cherche à s'inclure dans la chaleur silencieuse. Bavant de paroles et les éjectant, les retenant, les enfouissant, reculant la révélation qui s'oublie aussitôt dans l'invisible volupté qui glisse par mains et gestes incohérents et retombe par terre.

***

Des baigneurs sont en caleçon dans la nature qui frémit de toute part, divine et nocturne, tandis que le ciel s'évase, éclôt, forme les bords ou les plateaux de la terre qui les accueille et les retient. Une telle violence aujourd'hui, ici, sans que personne ne s'en doute. Des horizontales, enfin, avec la hauteur, la fatalité et l'orgasme sans direction de l'instant.

***

Eau fade et glacée sur les pieds, les petits cailloux entre les orteils ; la plante souple mais articulée des pieds soutient l'édifice bruissant lui-même articulé en volumes respirant et en veines bleues, en souffles, en charmes, en regards, dialoguant dans le concours où il s'élance, où il parvient.

***

Les conversations évoquent aux terrasses de fabuleux soucis économiques déversés à flots. Rien ne les arrête. Cela s'étale, tandis que le tact aveuglé indique des marges où l'on se dévêt, où l'on se voit mal, où l'on se baise probablement, sur les côtés de la rue ou à l'entrée des appartements. Bruit moins fort que sur la place. Chuchotements et exclamations. La nudité, l'émoi d'un brouillard provoqué par le couchant, répandu dans les commerces voisins latéraux au soleil.

Vestiaires comme des vestiaires où j'ai part à tout, en m'étant écarté un peu de la voie. Mais peut-être, plus bêtement, écarté de quelque chose qui n'est ni la veille ni le sommeil, laissant la vie se dissiper sur des objectifs fixés de façon exorbitée alors que la lumière les enterre, en ordonne le souci soit en rêve, soit à l'éveil qui sont jumeaux.

De bons raisonnements passent entre le réveil et l'éveil, là où ils se brisent heureusement l'un contre l'autre dans un éclat qui ne surgit de rien. Ouverts et éclatés. Ce n'est pas façon de dire mais le simple appareil d'une beauté qu'on vient d'arracher au sommeil.

***

Ah ! Se dévêtir, le soir. Sortir du vêtement sans privilégier l'idiote intimité.

***

Le lieu d'apprendre nu. Franchir. Sauter. Se battre. Franchir l'espace. Faire tourner dans sa paume un poing recueilli puis dévié pour que tombe le corps entier.

***

Voici le soir, les escaliers, la mort sans perspective ; je n'ai pas eu beaucoup de temps pour croire sa leçon. Peut-être n'était-elle même qu'un affaiblissement dont il ne faut pas rêver. Elle est si taciturne qu'on s'en détourne, non sans scrupule, mais paisiblement comme des rochers dont la vue nous a surpris ou des amours qui se fracturent de silence, de façon fatale, minérale. Ou le soleil qui se couche :

c'est-à-dire qui n'est plus là. Je crois à son retour. Pas à celui des êtres. Pas à mon propre retour. Cela détruit intérieurement. Forme un cadre que la lumière avait rendu impossible, incompréhensible.

***

Qui sont les hommes ? De pauvres personnes, des visages au nez trop long, des profils, des corps portant des pains, des cabas ; des silhouettes sur les chaises, des membres agités à servir, des bouches, des errances dans la ville, des paroles d'arrangement et le simple appareil d'une beauté qu'on vient d'arracher au sommeil.

***

Au sommeil où je me rends, prononçant je ne sais quoi d'insensé, d'indicible et de libre qui luit et me vient dans le commun crépuscule où j'ai mis le pied.

***

Qualis artifex pereo, disait-il, disait Néron.

***

Mais non, je suis au centre de la vie où je ne péris pas et où l'art, quand même, à l'écart, intimement sollicité pour éviter, mais aussi pour affirmer sa négligence et son adolescence et sa nécessité parle encore et toujours les langues étrangères que je ne comprends pas bien et dans lesquelles je ne me sens pas de maîtrise ; elles apparaissent dans des refrains, comme les poèmes dans notre langue, pour l'illuminer en la percutant.

***

Cet à-côté présent et foisonnant, je ne l'ai pas prémédité, ni même pressenti. Baigneuses et baigneurs sans destin immobile, cris dans le monde, tandis que l'être seul, la femme ou le promeneur pose sur le genou sa main dans le milieu silencieux de la lumière, loin de la rumeur et des piaillements bariolés des voix.

***

Sanglots vastes, plutôt que longs, établis et cessant de pleurer. Se mettant à la place du drame. Une chose, carte ou caresse, tombe sans mystère des mains. Personnages assis, mains croisées occupées à une étoffe, une enveloppe, un jeu. Les mains sur les cuisses, parfois, ne sachant où les laisser se poser. Se saisissant d'être deux, brièvement, parce qu'il faudrait s'occuper de tout et que l'on ne peut pas.

***

Le ciel déphasé de la lumière qu'il répand.

***

Je voulais me plonger dans ce long étonnement d'un instant qui ne m'a arraché à rien. Sa turbulence cependant, qui n'est pas à moi, m'a arraché au sommeil, m'en extrayant comme par invention en plein jour. Formidable naissance puisque je sais ou plutôt revis. Revis dans tout ce qui dormait autour de moi à cause de moi.

***

Appel qui vient de partout, alors même qu'on se dirige vers chez soi et qu'on entend les semonces de l'heure.

***

Le cœur frappé incognito par des cloches et par des visions, leur évanouissement ou leur présence. On ne rentre pas chez soi, c'est bien moi et les ombres que je côtoie avant de me plonger dans le langage qui sait de quoi je rêve, à quoi je pense. Et nous nous sommes presque oubliés. Lui et moi qui sommes seuls à nous tenir.

Decora

Une larme coulant sur la joue de l'aimée, une mèche de cheveux sur son front, les tics d'un enfant, le hasard des prononciations, un habit qui s'affaisse et révèle l'épaule, les rires, le bain de Diane, une faiblesse dans le maintien, un crayon sur la bouche, le phallus qui se redresse, l'œillet de l'anus, les rives odorantes et mouillées de la vulve, un cerf qui tourne la tête pour se lécher le flanc, le dandinement du canard, l'ondoiement de la queue des chats, la robe tachetée des vaches, la souplesse des reins, le geste du voyageur posant une photo sur la table de nuit de la chambre d'hôtel, le dôme de Brunelleschi flottant sur la ville et lui mettant son bonnet rouge, la dyslexie, le silence et le style, la perpétuité de l'invention de poèmes, les jeux au sol des enfants, la trace des sillons dans les champs, le fumier épandu qui semble floraison au promeneur des fins d'après-midi d'automne, le calice creusé des lys donnant irruption au pistil, la parabole que Jésus viendrait à en tirer, les formes que le mur offre dans la pénombre aux rayons de soleil, l'eau que crée sous les pas l'agitation d'un taillis, la forêt microcosmique des mousses, la nuit diligente en étoiles déposant son sentiment au passant ou à l'insomniaque sur le pas de sa porte, le perron de la maison envahi du lait de la lune, les lieux communs, les pierres déposées par la nature ou dressées par l'homme, les syllabes d'une langue morte frappant l'oreille de l'Hercule gallois, Dieu en deux syllabes, les branches cassées par le chasseur, l'églantine s'inclinant sur le chemin, la courbe de cet arbuste, l'apparat des aubépines, leur rayonnement dans la recherche du temps perdu, l'entrelacs des bijoux, les puits, les lettres et les tableaux, le fait d'aimer, l'odeur disgracieuse des pieds, l'apparition des poils à la puberté, les couleurs grises et violettes des habits des aveugles tombant aujourd'hui à Naples dans le tableau de Bruegel, la gémellité, la fonte, l'acier, les grandes plaques de tôle que l'on découpe, la sciure des arbres et le sable, les incendies, les ponts, les paraboles, la Saône en septembre à Neuville, l'apparition du culte de Saint Expedit au XIXe siècle, miss Douce qui l'invoque et se pisse dessus, la rose des vents et les lamelles des roses des prés, l'arôme fruité du Gewurztraminer, la forme d'une bouteille dans l'affaire Tournesol, le charbon, l'huile, les pourrissures du fromage et le lichen des arbres, le basalte et le calme bloc, le never more et la pierre grise en forme de crâne ramassée dans la Loire, les fleurs nommées cosmos, la nomination, les escargots écrasés dans le jardin de Nicole Cadieu, les fougères et les animaux fossiles, les mélisses dans l'office du vendredi, la palpitation des seins, la poitrine, le 22 septembre, les chemises à carreaux, l'abrupt gigantesque des roches des montagnes, la triple horizontale de certaines Sainte-Victoire, l'absence de Cézanne à l'enterrement de sa mère, le clair-obscur, le sfumato, l'androgynie et la clarté, le tombeau d'Anatole et la Nativité, le crayon de couleur, la voix de la Sulamite : « Suavis et decora ». Les Vêpres de la Vierge. La couleur noire, le carré blanc sur fond blanc. La dernière icône - Toutes les icônes. Les vaches de Salers avec leur robe brune et leurs cornes magnifiques. La viande rouge-brun. Les prés. Les créatures et les paroles diaprées de Gerard Manley Hopkins. La pluie bleue sous les réverbères dans la nuit. La voûte des cieux. Les princes et les belvédères. La tentation de Jésus. Le pain. Les pierres et le pain, la roche parée de bisons et de chevaux, la grotte, les riches heures, le naufrage du Deutschland, les indiens, les plumes, l'ange bleu et le professeur, la sombre guerre, le siècle des lumières, la nuit et le brouillard, les théories en surface de Maurice Denis et les travaux tout faits de Marcel Duchamp, le goût du désert, de la monotonie, le concept sans phénoménologie, la fin de tout, les héritiers, les célibataires, la mariée dans le moulin à café, les beaux esprits, la fin du monde, le fumier, le cosmos fumier. Les proclamations, les édits, les abrogations, la révolte et la trahison. - Toussaint Louverture mourant de froid dans le fort de Joux alors qu'il avait libéré les esclaves noirs, il mourut là, Napoléon le fit mourir là. De la route, on voyait le grand froid de la forteresse, le voyage depuis Haïti, la fantaisie de l'esclavage et de l'emprisonnement au regard de son surnom : qu'il devait aux brèches qu'il ouvrait dans les rangs de ses ennemis. Ouvrir des brèches dans les rangs de ses ennemis : décoration de l'esclave contre les murs qui l'emprisonnent.

La paroi par contre offre son énigme insoluble, pareille et jumelle, prête son flanc à celui du bison qui l'épouse, au dessin qui récuse le décor en le suivant le temps qu'il faut, puis s'en va. L'ondoiement et les coups de reins des poissons. Dur regard sans instant. Truites arc-en-ciel, poissons rouges. Goldfish. Black bass. Brochets. L'écume blanche de Moby Dick, cinquième jour peut-être, pour nommer le nombre, non pour nombrer. Poissonner, alevins, vairons, pour nommer le nombre et commencer avant l'ordre et le nombre. Carpes anciennes nourries et cachées dans la vase, aimées comme des bijoux - enfants. Dos au soleil, soleil d'or et fibules vivantes du visible et de l'invisible ; grosses mères et grands-mères à la souplesse de filles.

Enfance esclave et libre. Faite de tout. Élisant la brèche de chaque sursaut de son surnom. Riant à en mourir, époumonée de froid ou mourant de son rire s'éteignant, toussant. La mer qui emporta la paix, le beau visage, Irène et non l'amitié d'Irène ; la fréquence de la vie avec la sanction incompatible de la fin, mais, n'ayant pas commencé avec l'histoire, ce qui se décroche de tous les tableaux de la vie et de la nature, et la suit en quelque sorte, ce qui s'accroche et regarde sur les murs maudits et les sarcophages. Vie nommée avant le nombre ou après. Decora. Une belle sulamite pour réchauffer le roi ;

pour le Livre, elle fut pour ce vieux palais, pour David, ce que les chants du jeune homme avaient été pour Saül, ce que fut le vin à Noé, ce que le passage d'une fourmi est au prisonnier, ce que le miroir du bouclier fut à Persée : façon de s'entendre, de glisser au loin de soi-même, de sa mort, du naufrage. Belle, sur sa couche comme un chat. Éclair roux qui se faufile entre les meubles ; rayonnement des couleurs dans le crépuscule et les fleuves en bouquet, miroitement sombre et aqueux d'un regard ; il sautait en vain ; main qui retombe : Bethsabée, Abishag de Shurem, le froid ; le dernier mot, l'aboi de ton chien ; l'empilement de roches ravinées grises et blanches, l'espace qui demande une image aux confins de l'aveuglement ; le bain où s'éteint le flambeau des hanches, leur craie ; surface. Passage dans la surface et silence du fond, une larme sur la joue et dans les syllabes ; la dérobade : Paupières. Veni, surge ; Viens ; le printemps le temps déjà ; les syllabes du nom dans les vagues, sac et ressac, le fleurissement, la nuit sous l'hôpital, la voiture jaillissant entre les raffineries. Amica, amica mea. La fuite au guichet, les trains, les syllabes répercutées, le froid, les échecs et, et rien et or et rien. La paix.

Livres perdus

à M.-P. L.

La tranquillité avec laquelle s'installe la présence. Entrevue. Sous-entendue. Semblant soustraire sa stabilité diaprée, nous laisser à nos commerces et nos expériences. Fête sans nostalgie qui échappe à nos prises, au bon sens, au partage ; mais qui est la musique des passages traversés.

***

Membres disparus ou vivants de la famille ou amis qu'on verra, dont on entendra encore longtemps, sans savoir leur devenir, les énigmatiques mouvements de recomposition ; figures d'amour disparues ou voilées ; images pillées, permanence qui se détruit sans ostentation sous nos yeux. Le lieu, la maison, menacés. Les corps menés à leur modification, puis à leur destruction, tandis que leur visage endormi dure dans le silence des nombreuses demeures auxquelles la vie nous a conviés comme à des fêtes ou des évidences apparemment heureuses auxquelles nous nous consacrons, donnons en incandescences le regard qui nous fut offert tendrement protégé.

***

Et nous regrettons de ne pas savoir rester dans l'ombre, tout en disant que nous voulons nous en libérer, nous en sortir. Comme si notre destin était de discerner.

***

L'enfant s'installe dans un coin de la fenêtre ou sur les marches de l'escalier pour retrouver la tranquillité de lire. Ce n'est pas tant l'histoire ; la lumière vient d'en haut, la pierre est froide plus que fraîche ; ce n'est pas pareil qu'avec un jouet. Cela ne se passe qu'avec celui qui lit ; on peut bien lui retirer l'objet, on peut l'abandonner, il peut le laisser ou le prendre, la lecture n'a jamais lieu sans lui.

***

Mettre des fleurs dans le tombeau. Jeter des cendres sur le lieu. Mourir ou dessiner un enfant plongeant dans le fleuve vert. Jaillir d'amour.

Vouloir prendre dans les bras la floraison entêtante de cette vie qui a la tête blonde, les seins, les jambes blanches, une caravane capricieuse et harmonieuse d'enfants. Le désir à son instant précis dans ses lacunes, ses arbres, révolté ; furibond de n'avoir pas le dernier mot qu'il croyait inclus dans cette destinée d'être où il faudrait se reposer, peut-être se reposer, rester identique au mouvement et son chaos. Eh bien non ! La vie louvoie infiniment, désespérée d'ancrage, avec un souci de calcul et sans aucun de tromperie. « Mon amour », dit-elle encore à ce qu'elle gagne, à ce qu'elle perd, à ce qui se perd, à tout ce qu'elle voit et dont elle n'est pas capable, à tout ce dont rien n'est capable, mais qui est aimable, préservé dans l'impossible et l'instant.

***

Je me trouve dans un parc où des enfants exaltés par leur jeu, crient, s'exclament. Entre les arbres, une petite fille s'exténue du plaisir de courir ; la clarté de ses cheveux, l'ampleur des collines, l'autorité de l'ombre des bois autorisent et dispersent le matin. Le vent. Les autres enfants sont déjà conscients, parce que plus âgés, de l'immensité de sa crainte, mais aussi de son bonheur, de la fraîcheur aérée par les chênes, les pins, les noisetiers, du terrain accidenté sous les pas, infini à la vue ; leurs parents discutent ; le monde entier prend la forme verte des frondaisons enlevant le ciel : les coquilles de pin qui craquent, les ronces qui existent et qui plaisent ; les roches, le sommeil ou la faim vont venir de ces courses donner lieu bientôt à des mouchoirs, à des assiettes, à des coussins, à des baisers.

Le matin, incliné vers midi, coule jusqu'à l'heure où il faut manger, parler, se souvenir de la magie des gestes ruisselants et se décider à un repos inquiétant. Berges du lointain sommeil, des rêves, confiées mais regardantes : ce qui viendra, dont le nom est encore un peu celui des parents et déjà un peu celui des écorces, de l'écho des voix dans le halètement du souffle et du vent, tranquilles, bienveillants mais si taciturnes, promettant tout sans rien prononcer.

***

Ah ! Ah ! – Ah ! Ah ! – Un souffle, un ronflement. Ah ! Ah ! – La sieste et le rire des polochons. Les insectes du soleil. Tomber dans son propre souffle.

***

Immanence, non de l'être, mais de soi à soi. Terreur invraisemblable et impossible du cauchemar où le souffle de l'air et celui de la respiration sont pareils. Produisant le songe cruel, le balbutiement baveux des sarcophages, des grottes, des cénotaphes, des petits lits blancs, des joues sans mamans, les roses blanches. Puis la main gifle le nez et trouve quelque chose ; un lambeau de tissu, une phrase incohérente, le battement d'un volet, la lumière où grondent leurs voix apaisantes. Une crotte de nez, une égratignure, une croûte, quelque chose qui se détache. Quelque chose là-bas que je roule dans mes doigts ou que je feuillette, tissus, papier, mouchoir ; que je saisis contre le monde entre mes doigts et qui fait le bruit du monde.

***

La poésie, la voix, l'ébruitement menacés d'une telle solitude ; sortant essoufflés du sommeil, prêts à se transformer en un chant, une lecture, un geste hardi et monotone pour apprendre à l'étrangeté son issue et la partager un peu, si c'est possible.

***

La haine et l'horreur de ne pas savoir et de ne pas se reposer, mais aussi la confiance, la foi qu'il ne peut en être ainsi et que la parole, par sa vertu d'investigation et son ascendant, va découvrir la bonté accueillante qu'une infamie et une peur légitime mais irraisonnées, malheureuses de toutes parts, croyaient étouffer, offusquer diaboliquement.

***

Alliance proposée dans le regard et malgré le regard : il faut laisser hors ou plutôt à l'écart de toute intrusion, jamais contre elle, surgir la mobilité qui dit et parle jusque dans la nuit, plutôt que les mauvais constats qui s'imposent ou que l'esprit fait au jour le jour, dont il se prévaut pour chercher la perte du monde. Écarter le miroir par lequel il veut se livrer le visage dans lequel il apparaît, nous livrer notre visage monstrueux avec les facéties qui le composeraient.

***

Le meilleur est une joie dont la lumière est l'élément, prononcée par le corps sans souci, par le temps, épaules rondes, pieds agiles, mains qui ont le sentiment d'offrir le monde à l'inconnu encore plus évidemment que le monde ne s'offre au regard. Buissons gais et naïfs. Stéphane Löchner.

***

Inconnu abrité en nous autres. Intime et violent. Autre en nous : plante, oiseau, bélier, femme, loup, vache et parole. Déjà âgé dans l'enfance et sans âge dans la prospective qui pense à la mort.

***

Cheveux hirsutes ; ou bien peignés ; ordonnés ; boucles, épis, mèches ; ordre porté haut, tantôt savant, tantôt naturel ; cosmos que nous inventons une fois dans le chaos et une fois dans son harmonie.

***

Après coup, il ne faudrait jamais se donner des leçons mais d'abord et surtout ne pas en écouter.

Comment alors protéger l'enfance ? La protéger des menaces qu'elle reçoit et dont l'origine est si mélodieuse qu'elle fascine la volonté.

***

Maintenant.

***

Point, moment où la peur s'exténue mais en brûlant si fort, si haut sur place que je dois bien prier le lointain d'être encore plus large, plus généreux, plus libéral : que je lui demande de me remplacer ou de venir à moi, de se recueillir dans les choses que je saisis ou regarde avec un plaisir inouï : c'est-à-dire des fleurs, des arbres, des assiettes, des maisons, une rivière qui scintille et sinue. Choses prononcées autant que vues, mais jamais aussitôt cernées, comme si ce qui les livre était disjoint et attendait de se refaire en moi seul, pour l'instant. Attendant le moment d'un livre ou d'un repas tranquillement partagé.

***

Le Christ à Emmaüs reconnu lorsqu'il brise le pain, alors qu'il était un étranger et aussi parce qu'il a franchi la mort, parce qu'il n'a plus peur du terrestre, du silence des choses, mais non plus de ce crissement, de ce bruit sans voix que font les pains lorsqu'on les rompt et qu'on les distribue à ses amis. Ou ces bruits des pages que l'on tourne, toute affaire cessante, d'un livre, d'un cahier. Les choses frémissent discrètement, annoncent, ébruitent la brisure qui les rend utiles, lisibles ou mangeables en les soustrayant en même temps, plus ou moins, aux intentions que l'homme s'est fixées : lire, manger. Elles produisent ainsi une musique impossible à distinguer de l'objet familier, mais un peu terrifiante. Familière et incongrue. Un bruit dans ce qui n'en demande pas, l'arrivée d'une présence discrète qui crépite.

***

Au plein milieu d'une page qui n'attendait que peu de chose se crée l'incident : il accueille ce qui se présente et qui garde le devenir de tout ce qui est trié ; rejeté, choisi ou abandonné.

***

Cela recèle un côté solennel. Ce vivre tranquille des choses que la pessimiste langue française interprète : « nature morte ». On dirait que Cézanne, par exemple, a peint contre ce mot, contre le « grappin » que la langue peut mettre, pour les tuer, sur les choses.

***

Le curé d'Ars utilisait ce mot de « grappin » pour désigner le diable. Il dit, parlant de la prière à dieu : « Je l'envisage et il m'envisage. »

***

Elle crie et cela se détache et s'attache, s'insère, hameau dans le parcours des collines.

***

Ni envisagé ni dévisagé, invisible dans l'exclamation très vite reprise, par le quotidien, du quotidien lui-même. Le présent venant de rien.

***

De nombreux prés. Chacun manifestement fut l'objet d'un travail et d'un soin qui les livrent à leurs limites de haies, de pierres et à de longues solitudes. C'est la nuit, le jour ; des hommes ou des bêtes qui passent parfois et les découvrent à leur façon. Les frênes, les noyers, les mares, les haies, les ruisseaux, l'ombre, leur exposition au soleil et les enclaves dans la forêt donnent stabilité, solidité, fragilité, occurrences, circonstances, qui éclatent éventuellement en floraisons, ou étirent la monotonie des teintes hivernales, le rayonnement quasi minéral des herbes lorsque fond la neige.

***

Les jours et les soirées où les vaches de Constable ne forment pas vraiment de troupeau, ni de prière ; elles se déplacent mystérieusement entre les nuages et la terre.

***

Le jardin exige d'année en année qu'on combatte les ronces, les orties ; lorsqu'on va au bout, l'horizon s'arrache en lignes découpées, envahies de genêts jaunes et brillants ; en même temps, hameaux violâtres et cerisiers, noyers, pommiers, une petite église marque la ligne, un viaduc est là, lui aussi, dans la répétition taciturne de ses arches.

***

Il flaire les murs de pierres sèches, leur ancienne disposition reposée, les lichens.

***

Monté dans un arbre, le matin, cette oscillation de vert tendre et de gris, cette agitation souple et solide, les genêts, la forêt, même le groupe que nous formons, les plaisanteries et le bien-être ne sont pas transmissibles. L'air caressant est un souhait qu'une parole, une chanson résumeraient peut-être, mais en offusquant la liberté, en asservissant, en rendant disponible, en conseillant un sentiment. Le bouleau. L'homme est l'être qui s'évade. Pierres posées ça et là sans musique.

***

Valse.

***

Un transistor marchant tout seul dans les prés exporte la crainte, l'agace et la décrit sans la retenir.

***

Goût de fer sur les lèvres.

***

Le goût du fer dans la bouche me vient, je pense, des seaux recueillis à la bachasse et dans lesquels ma grand-mère trempait les mesures où nous buvions.

***

Les chars, les faucilles, les couteaux, les alênes, les engrenages, les roues, les attelages, les meuglements, l'eau. Tout cela conjoint, sans monotonie, distinct depuis 2 500 ans à peu près.

***

Le désordre des almanachs : recettes, histoires, histoire sainte, images, descriptions, géographie, encyclopédies à cloche-pied arrivant en hiver, car ils avaient leur date dans l'année dont ils feuilletaient le possible.

***

« Tourne la page, mémée, tourne. »

***

Je ne perçois qu'avec difficulté, dans des alternances de bruits violents et de calme, de moments noirs et d'autres d'une sérénité végétale et ensoleillée, ce que furent leur travail et leur honnêteté ; cet acharnement, ces fidélités, le patois accompagné de latin d'église, ces jardins, ces fleurs et ces fromages, les déportations, le long séjour ; leur pardon aux fautes des leurs.

***

La casquette du père ; le cotillon rouge de la folle solitaire ; le ramassage des coquilles de pin ; la robe noire à l'aurore de la mariée ; les motos, les métiers à tisser ; les feux s'éteignant pour l'électricité.

***

Comment sentaient-ils leur instinct, les ruisseaux, leurs propres rires ? Croyaient-ils à l'origine du monde, encore vraiment, et aux crucifix affreux qu'ils posaient en nombre impossible à calculer au-dessus de leurs lits, de leurs tables de cuisine, des lits de leurs enfants, des pupitres de l'école, sans parler des églises, des chapelles, des cimetières, des calvaires, des toits, des carrefours, jusque dans les forêts, les montagnes et partout où le mot de partout s'entend ? Ces plaies du Christ abominables que la moindre charité panserait avant de les vénérer. Comment peut-on avoir une descendance dans ces conditions ? Comment peut-on se livrer dans ces conditions à l'acte sexuel ?

***

Il découvre sa pensée non dans la guerre, mais au milieu de la guerre, des guerres. Ce fut la lame sérieuse, moderne, inacceptable. Un surcroît d'invraisemblance.

***

Et que pense une femme ? Elle entend les cris dans le village voisin, les maquisards, les résistants torturés par les nazis ; après les conversations, elle va se remémorer tout ce qu'elle ne saisit pas, ce que son intelligence lui a dit de ne pas saisir pour ne pas tomber. Elle cauchemarde parfois dans les discours des uns et des autres et dans la crainte que cela présente.

***

Les jours passaient régulièrement dans la cour et dans le pré, dans ce mélange féerique de lieux petits et de lieux immenses et puissants ; l'ensemble des deux s'appelle le monde : il y pleut, il y vente, il y a des après-midi étouffants et jaunes, des forêts enneigées ou minéralisées par le givre, des buis pour les enterrements et surtout beaucoup de rires, beaucoup de jeux et de livres d'aventure qui permettent de comprendre le mystère et même de le situer et de l'augmenter.

***

Un livre unique, une partition de musique prise dans la glace de la montagne. Cette dangereuse transparence le préserve et le menace, fait briller son unicité, son secret de diamant, fait trembler de froid et de crainte celui qui le porte et a peur de le casser et donc de le tuer.

***

Comme la nourrice qui, dans un mouvement maladroit, laisse tomber l'enfant qu'elle porte. Il se peut qu'elle ait seulement peur que cela se passe et qu'elle sente tout son corps, jusqu'à ses entrailles et ses jambes, flancher.

***

Les conseils sont nombreux, les solutions offertes, les caprices démontés, l'avis pullule ; le conseil est bavard, expert, mais le destin n'a pas de ligne de conduite dans l'humain. Je regarde, je me demande ce qui nous fait ; j'en crois volontiers le ton incertain des livres qui parlent entre eux, avec notre silence et notre stupéfaction.

***

Quel plaisir j'aurais à la science. Voilà l'enfantillage.

Ce que ne dit pas encore un livre d'enfant.

Et pourtant j'ai une soumission à apprendre ; ce qui m'intrigue me semble naïvement avoir quelque part sa solution ou, au moins, sa configuration.

***

La première image dont je suis sûr de me souvenir est celle d'une ourse et d'oursons blancs s'ébattant dans un bassin d'eau verte.

***

Comme les actes sont délectables.

***

Ich riss
dich so hinein in diesen Gang der klagen,
drin Ich befangen bin, dass, wo Ich je
seligen Ton versuchend angeschlagen,
da unterschlugst du Ihn und tontest weg.

Et tant le pleur piteux t'a molesté
que, commençant quelque son délectable,
tu le rendais soudain lamentable,
feignant le ton que plein avais chanté.

***

Changeant l'écoute à chaque fois. Plus que l'écoute, changeant l'entente. Entendant autre dans l'acte délectable, comme Rilke à la paupière tombée se mêle au ton de Louise Labé, la belle, l'amoureuse, la Saône grise, plaintive, capricieuse.

***

Dans les livres que je perdis ou détruisis ensuite, figure un que m'offrit mon institutrice ; en ouvrant les pages se levait un manège tournant autour d'un axe central de bois, c'était un ravissement de voir un espace vrai, mobile, se déployer dans l'enclos des pages.

***

Dans ce qui est, il y a beaucoup de silence et beaucoup de bavardage ; C'est stupéfiant. On a presque envie de chanter le bavardage, d'être perroquet, Papageno, Papagena, de parler en langues comme les apôtres ou en troisième personne, et même en langue étrangère « Ein Mädchen oder Weibchen wünscht Papageno sich. »

Pourquoi et comment Mozart place-t-il plusieurs notes sur le « Weib » de « Weibchen » et sur le « ge » de Papageno ? Cela introduit à la douceur (mais est-ce que je ne me trompe pas ?) de la suite : « O so ein sanftes Mädchen, wär'sie nicht kind für mich ? » Oui, je crois qu'il dit bien cela. Il s'exclame sur la douce fille et s'interroge sur le bien évident qu'elle lui serait. Et, comme il l'a chanté, cela a dissipé sa peur de ne jamais la rencontrer. Du coup, il la rencontre et tout le monde est heureux. Je dirais même plus, comme diraient les Dupondt, tout le monde s'en réjouit et personne n'est envieux, ni jaloux. C'est une réussite.

***

Continuer cela : un tombereau de paroles et de sensations. Les unes les autres s'éternisant dans l'échange et la contrariété. Ou n'y réussissant pas, ne le souhaitant pas, ne le cherchant pas. Serait-ce les porter à la mort, ou moins qu'à la mort, à la sépulture ?

Et porter qui ?

***

Sépare-t-on la littérature de l'image, elle va à un prosaïsme désespérant. Aucun dieu, aucun détail. Le mieux à faire est de n'en vouloir à personne, cela fait gagner une ou deux phrases, laisse exister.

***

Je crois qu'un enfant brise ces raisonnements par l'avidité de sa lecture ; il faut traiter de ce qui l'interrompt.

***

Dieu gît dans les détails : l'inquiétant, l'important est-il le détail ou son pluriel ? Ou encore le fait que cette phrase que je croyais de Flaubert est aussi un proverbe allemand, et que, comme Pierre Ménard écrivant Don Quichotte, je ne pourrai pas entendre son vouloir-dire ; ce qui le rend ainsi à sa fragilité de morceau sans importance, rattaché à rien, transporté par ce qui l'a brisé, plus que détaché ou arraché à ce qui l'a constitué.

***

Mais peut-être est-il libre de ne rien raconter ? Ou l'évidence est-elle si profonde qu'il n'a rien à raconter de sa liberté ? J'ai l'impression d'un ruisseau alimentant ce qui se dit et dont l'énergie apparaît de façon insolente, détachée de nos actes, pour admirer leur but lointain.

***

Le meilleur des cas. Dans le meilleur des cas : au sens superlatif qui nous tombe dessus, aux pieds. Il faut y aller. Les bébés gigotent, mais qu'est-ce qui nous arrive avec le sol ?

***

Cher lecteur, la page est notre sol en barboteuse.

***

On les aurait entendu déjà glousser, les poules.

***

L'invité n'arrive pas.

***

Pourquoi être des (êtres) humains et nous amuser à compliquer l'accès (à la vie) ?

Non, ce n'est pas là une bonne question. En quoi l'investigation de ce qui se découvre sous nos yeux, nous laisse-t-elle si morts ? Quel est le milieu qui nous dirait : non pas premièrement en quoi cela est à mon regard, mais en quoi je suis et je rêve ; ce qui reviendrait sans doute à la lecture et donc au regard.

***

Godot.

***

Franchement, je ne peux répondre. Je n'ai pas conscience de finir dans cette infirmité de parole. Ce qui se passe. Pas de regret qu'il n'en soit rien dit, merveilleux, décidé, compris. Mais si, quand même.

***

Je dis cela sans jamais avoir compris la souffrance ni lui avoir trouvé de seuil.

***

Plaisanterie des limites. Anthropologies. Recours à ce qui délierait l'âme de son souci.

***

Se réjouir de ce que l'autre existe, mais avoir fait ce choix ou plutôt cette trouvaille dans une botte de foin et là, voilà toute la blondeur de l'existence qui se met à grincer dans les vieilles roues de bois et de fer du néolithique et les chants, les moissons, la comédie humaine ainsi que ça se voit sur le char de Jérôme Bosch, tous épisodes réconciliés, animés, tirés d'un néant de tristesse, oubliant de réfléchir à ce qui vaut ou ne vaut pas.

***

Choix anxieux, inquiet, qui se fait par hasard ; les instruments paraissent à la fois pensés pour cela et magiquement étrangers à la résolution qui dégage le grain du son, et même qui détache le foin du sol, l'amour quasiment de la vie où se retourne le regret d'exister, l'impatience d'être mal loti et sans réponse, sans satisfaction.

***

Une aiguille dans le foin.

Un cheveu sur la langue dans les récits et dans les regulae ad directionem ingenii

***

Si l'écriture n'existait pas, je serais obligé d'expliquer cela, de proposer ce qui se trouve, au lieu de le dire.

***

Toute la distorsion vient de l'interrogation extrême sans issue qui valide sa capacité dans la réjouissance de tes yeux qui sont bleus.

***

Je vois alors sans souci des comparaisons dans la chaleur du vivant et la récolte des légumes et des fleurs.

Le langage aussi me paraît audible et beau, bien que je ne sache comment l'assurer sur la page, le cacher, le laisser baptiser, rire, se souvenir et jouer.

***

C'est pourtant dans ce langage couché, dans cette couche de langage qui permet la parole sans l'absorber, qui la soutient de ses oreillers, que se dresse ou que s'ouvre la vie, dans ses draps, sur son matelas, en ses formats où se distinguent homme et homme, et homme et femme, et femme et femme, enfants dormants, silences adolescents, vieillards à la mort, malades et fainéants, penseurs éveillés, travailleurs qui se livrent, chemins qui se tracent, sourires et lois, jardins, allées, forêts, mais pas encore, pour aujourd'hui d'autres habitations que particulières.

***

Il en tombait. Qu'est-ce qu'il en tombait ce matin. La pluie, c'est de cela qu'ils se protégeaient, du froid, de la chaleur. Ils aimaient le rouge, l'ocre et le noir.

***

Ils laissaient la trace de leur main avec un doigt en moins. Ils voyaient trop ce que leur demandaient le temps et la matière. Du coup, ils soustrayaient à leur acte une part de l'invitation pour faire signe. Ils n'avaient plus de but, alors, inventaient les grammes.

***

Sourire détourné de l'action et tout proche de l'action recelée de mourir.

***

Flèches de la pluie, de l'action, de l'inscription : voilà où je naquis détourné de moi-même pour tout envisager à partir d'une aiguille dans une botte de foin.

***

Maman, maman, mon poing s'accroche à tes cheveux dont me détache ton regard. Cela déchirerait la page si je ne facilitais pas la vie, la pensée.

***

Facile, difficile, dévorant les livres, je leur fais grâce de n'être pas uniques bien qu'ils le soient et parce qu'ils sont des actes logés dans l'inutilité de l'action et même de la recherche.

***

« La bibliothèque est en feu » : ce n'est pas un spectacle auquel on assiste, ni un crime que l'on commet, mais une phrase, un titre qu'on lit. (Chez René Char.) Et c'est aussi un message de la Résistance, de l'étranger, de Londres au maquis.

***

Il paraît que Thomas de Quincey accumulait tant de livres qu'il était obligé de changer de logis lorsque leur entassement ne lui permettait plus de circuler chez lui.

Vérifiant ainsi Lao-Tseu : une maison a des murs et un toit, mais c'est par le vide qu'on l'habite.

***

Par le silence des signes se tournant vers le silence ; pivotement tranquille, majestueux, de l'arche-terre regardée, qui ne se meut pas.

***

Et ainsi cela s'ajoute sans tout à fait se soustraire, disparaît tout en s'imprimant, crée l'espace ou le comble, abîme ou fait vivre l'objet inconnu dont la jouissance fracture et distrait le temps pour le bercer et l'élever.

***

Perçant le silence ou cousant les jours, dans la livresque et musicale exécution de la parole ; ou la nuit, les étoiles, les beaux draps frénétiques du rêve.

Table

La barrière .... 9 à 33

Deux ou trois rêves .... 35 à 43

Anniversaire .... 45 à 56

La désolation .... 59 à 78

De la sobriété .... 71 à 88

Musiques et Chansons .... 91 à 109

Quinze exemples encadrés .... 111 à 136

La question du mal .... 139 à 148

Le simple appareil .... 151 à 162

Decora .... 165 à 170

Livres perdus .... 173 à 201

"Livres perdus"
a été composé
en caractères Bodoni
et achevé d'imprimer
sur presse Heidelberg
à Chambéry (Savoie)
en mars 1999
par l'éditeur lui-même
et pour son propre compte.

ÉDITION ORIGINALE

Dépôt légal : Premier trimestre 1999
ISBN 2-87661-180-5

Imprimé en France